이교도의 신학교육을 넘어

바울의 훈련방식을 따를 것인가?
현대 신학교육을 따를 것인가?

진 에드워드

박 인 천 옮김

이교도의 신학교육을 넘어
– 바울의 훈련방식을 따를 것인가?
  현대 신학교육을 따를 것인가?

지은이	진 에드워드 Gene Edwards
옮긴이	박 인 천
초판	2020년 4월 10일

펴낸이	배용하
책임편집	배용하
등록	제364-2008-000013호
펴낸곳	도서출판 대장간
	www.daejanggan.org
등록한곳	충남 논산시 매죽헌로 1176번길 8-54, 101호
대표전화	전화 041-742-1424 전송 0303-0959-1424
분류	신학 | 교육 | 기독교
ISBN	978-89-7071-513-1 03230
CIP제어번호	CIP2020012969

이 책의 한국어판 저작권은 Gene Edwards와 독점계약한 대장간에 있습니다.
기록된 형태의 허락 없이는 무단 전재와 복제를 금합니다.

 값 10,000원

헌정사

서머스 박사(Dr. Ray Summers)를 회상하며

레이 서머스 박사는 남침례신학교(Southwestern Seminary)의 신약학 및 헬라어 교수였다. 내가 그곳을 졸업한 후에도 레이와의 친분은 계속되었고 그분의 말년까지 이어졌다. 그분은 내 글의 초고를 읽고 조언해주실 만큼 각별한 사랑을 베풀어주셨다. 학자인 동시에 진솔한 그리스도인이셨던 레이, 존경스러운 그분의 인격을 기억하며 이 책을 바친다.

차 례

제2부 ● 현대(現代)

제3부 ● 바울은 어떻게 젊은이들을 가르쳤을까

이 책의 1장~12장의 말미엔 각 장에 해당하는
요약 부분이 실려 있다. 그러나… .

이후의 장(章)들엔 요약 부분이 없다.
그 이유가 있다.
각 장이 담보한 내용들 자체가 지극히 핵심적이어서
도저히 요약할 수가 없었기 때문이다.
제2부에 속한 장(章)들로부터 이 책의 마지막 장(章)에 이르는
부분은 진실로 중요하다.
부디 주의 깊게 읽어주시길 당부드린다.

아테네가 예루살렘과 무슨 상관이 있단 말인가?
그리스 철학과 교회 사이에 무슨 일치를 이룬단 말인가?
터툴리안(Tertullian)

이 책의 목적

이 책의 목적은 바울이 그의 여덟 젊은이를 훈련했던
방식을 다시 불러오는 것이다. 바울이 어떻게 하나님의 사람들을
훈련했는지를 보기 위해 우리는 먼저 그 바울의 방식을
대체해왔던 것이 무엇인지를 알아야 한다.
즉 현대의 신학교육이 도대체 어디에서 비롯되었고
어떻게 바울의 방식을 대체해왔는지 통찰해야 한다는 말이다.

우리가 과연 현대 신학교육을 옆으로 밀어내고
다시 바울의 방식으로 돌아갈 수 있을까?

신학교육이
성경을 가르친다고 해서
그 교육이
성경적인 것은 아니다.

복음주의 신학교육은
성경이 하나님의 말씀이며
성령의 감동으로 기록된
한 점 오류 없는
거룩한 문서라고 가르친다.

하지만 여전히
성경적으로
신학교육을 펼칠 생각은
없다!

우리가 신학교의 뿌리와 그것이 흘러온
역사를 배웠던 적이 있는가?

그 사실을 신학교가 가르쳐야 했음에도
가르친 적이 없다면,
왜 그래야만 했을까?

여기, 신학교의 뿌리와 역사를
처음으로 드러내는
첫 번째 책이 있다.

신학교와 그 안에서 행해지는 교육이
성경에서 비롯되었음을
신학교 자신이
증명하려 애쓴 사실이 있는가?

신학교육이 어디에서 시작되었는지
신학교가 신학생들에게
설명한 사실이 있는가?

누구도 시도해 본 적 없었던 방식으로
사람들을 훈련한 분이 계셨다.
그분의 훈련방식은 다른 어떤 이들의 방법보다도 탁월했다.
그분은 우리의 주님, 예수 그리스도이시다.

예수님 다음으로 바울이란 사람이
여덟 명의 일꾼들을 훈련했다.
그가 젊은이들을 훈련한 방식 또한 예수님의 방법과
아주 흡사했다.

그러나 2세기 접어들어, 그리스도인들은 기독교 사역자들을
훈련하는 방법으로 그리스적 교육방식을 택했다.
그때 이후 지금까지 우리는 그 잘못된 전철을 밟아오고 있다.

제1부 ● 신학교의 이교도 답습

이미 뿌리를 내린 전통에 도전하는 것이

위험하다는 것을

이 책의 저자인 나도

잘 알고 있다.

1. 누가 이 책을 읽을 것인가

신학교를 다른 무언가로 대체해보려는 시도는 거의 가망 없는 수고이다. 너무 오랫동안 우리의 믿음 생활과 운명을 같이해온 나머지 아예 그 본질의 일부가 되어버렸기 때문이다. 신학교는 우리 그리스도인들에게 불가역적인 믿음 생활의 한 부분이 되었다.

사정이 그렇다면 애써 이 책을 쓰는 이유가 무엇인가? 누구를 위해? 아주 드물지만 각 세대에 몇 명씩, 신학교보다 더 나은 방식이 존재함을 본능적으로 아는 이들이 있다. 이 책은 바로 그들을 위해 만들어졌다.

신학교를 대체할 이 방식은 가히 혁명적인 변화를 요청하는 일이라 선뜻 이해하기조차 어려울 지경이다. 이것을 감히 실행에 옮기려는 이들은 거의 존재하지 않는다고 보아야 한다!

제도권 교회가 그런 급진적인 변화를 용인하지도 않을뿐더러 그 안에선 그런 급진적인 사람이 자라날 수도 없다.

한마디로, 신학교나 성경학교가 관습을 타파할 사역자를 길러낸 적은 도무지 없다는 말이다.

결코, 들어본 적 없는 이야기

내가 이 책을 쓰는 또 다른 이유가 있다. 지금까지 신학교의 뿌리가 무엇이며 그것이 어떻게 확산하여 왔는지를 기록한 문서는 없었다. 그 사실 자체가 지금 우리가 처한 곤경의 정도를 암시하고 있다.

오늘 우리 그리스도인들은 그 기원을 알 수 없는 어떤 제도 밑에서 훈련받고 있다. 우리가 그 뿌리를 더듬을 경우, 결코 하나님의 말씀 안에서 그 기원을 찾을 수 없는!!

여기서 복음주의적 사고방식이 어떻게 작동하는지 살짝 들여다볼 필요가 있을 것이다. 이제 당신도 알게 되겠지만 복음주의적 사고방식은 하나님의 말씀에 토대를 두지 않은 어떤 제도에 생명을 부여하는 특별한 능력을 소유하고 있다. 그 능력이란 대개 이런 식으로 작동한다. : 일단 성경적이지 않은 전통 하나를 세운다. - 그다음, 온 성경을 뒤적여 그것을 지지할 한 구절의 말씀을 찾아낸다. - 이제 그 제도는 명백한 하나님의 말씀 위에 서게 된다.

이런 역설들이 그동안 우리의 사고방식에 얼마나 깊은 영향력을 행사해왔는지 당신이 알게 된다면 심각한 정신적 충격을 받을지도 모른다. "사고방식"이야말로 우리가 대면할 가장 힘겨운 적(敵)임을 당신도 발견하게 될 것이다.

이제 우리에게 익숙한 신학교와 익숙하지 않은 고대의 훈련방식, 두 가지 모두에 접근해보자.

역사 속에 답이 있다

역사는 우리에게 진실을 가르친다. 당신은 역사에 대항하거나 그 것과 논쟁할 수 없다. 성경해석을 두고 논쟁한다? 그럴 수 있다! 그런 데 역사적 사실을 두고 논쟁한다? 그건 가당치 않다! 분명히 발생한 어떤 사건을 말해줄 때, 역사는 그 사실 앞에 확고부동하다. 그것은 신학교라고 해서 예외가 될 수 없다.

신학교가 성경 속에 있는지 없는지에 대해 당신이 원하는 만큼 논 쟁하라. 그래도 역사는 거기에 굴복하지 않을 것이다. 역사는 반복 해서 당신에게 한 가지 질문을 던질 것이다. "그것의 뿌리는 무엇입 니까?"

이 질문에 대한 답을 듣고 나서야 역사는 그 나머지 이야기를 들 려줄 것이다. 우리가 아무리 강력한 성경 구절로 방어하더라도 역사 는 그 증거 본문에 절대 굴복하지 않는다.

어쩔 것인가? 신학교가 태생적으로 비성경적임이 역사적 사실로 드러난 후에도 증거 본문을 들고 여전히 논쟁할 셈인가?

요약: 나는 이 책을 아주 드물고 예외적인, 또한 대담한 몇 사람 을 찾아내기 위해 썼다. 그리고 신학교의 뿌리와 관련된 이야기 를 처음으로 세상에 내놓는 것도 이 책의 목적이다.

2. 우리의 전통이 어떻게 시작되었는지 역사가 말해준다

역사를 재판정으로 불러와 질문해보자: "신학교는 어쩌다 생겨났습니까?"

역사는 가감 없이 들려줄 것이다. 그 실제 이야기를 말이다!

신학교는 진정 하나님의 일꾼들을 길러내는 적절한 방식인가?

신학교의 사역자훈련방식 안엔 하나님의 흔적이 남아있는가?

그 대답은 때론 슬프고, 때론 충격적이며, 때론 괴상하고, 때론 코미디에 가까울 때도 있다.

우리가 신약성경을 읽으며 "이거야말로 현대 신학교의 뿌리구나!" 무릎을 쳤던 순간이 있었는가?

성경은 신학교를 방어할만한 한 줄의 근거도 담고 있지 않다. 그렇다면 신학교의 선생들은 스스로 이 거대한 음모에 가담했단 말인가?1) 물론 그렇지 않을 것이다!

신학교가 그토록 변명의 여지가 없고 비성경적이라면 이 사실을 알게 된 당신과 나는 무엇을 해야 할까?!

---

1) 4대륙의 신학교 교수들을 만나 그들이 신학교의 기원을 알고 있는지 내가 직접 확인해보았다. 누구도 신학교의 뿌리를 정확히 아는 사람이 없었다.

여기, 최소한 신학교에 대한 당신의 신뢰를 거두게 만들 질문이 있다. "예수님께서는 그분의 젊은이들을 훈련하기 위해 성경을 가르치셨는가?" (신학교가 하는 일이 바로 그것이기 때문이다.)

바울은 어땠는가? 그가 에베소에서 그의 젊은이들을 훈련할 때 성경을 가르쳤는가?

예수님과 바울이 제자들을 가르치며 우선에 두었던 일이 성경공부였는가? 예수님과 바울이 그분들의 젊은이들을 훈련하던 방식이 오늘 신학교의 그 성경 교육 방식이었는가?

우리가 만일, "오늘날의 신학교가 태어난 출생의 비밀을 말씀해 주십시오."라고 요청한다면, 그리고 "어째서 학생들에게 신학교의 뿌리를 정확히 가르치지 않는 것입니까?"라고 묻는다면 그것이 심각한 죄를 짓는 것일까?

신학교를 처음 세웠던 동기가 하나님의 사람들을 훈련할 목적이 아니었을지도 모른다는 의심을 품고 좀 더 깊이 들어가 보자. 그러한 의심을 품는 것 자체가 그리 쉬운 일은 아니다. 그렇지 않은가?

당신이 다음 장을 넘길 때 심장박동기에 의지할 일이 없었으면 좋겠다.

요약: 신학교가 성경적이라고 주장할만한 증거본문을 당신이 가지고 있을 수 있다. 하지만 역사는 그 사실에 단호히 고개를 저을 것이다. 예수님과 바울이 그의 사람들을 훈련했던 방식을 성경이 보여주고 있지 않은가?

오늘날의 신학교가 화형에 처할만한 사람을 길러낸 적이 있는가?

즉, 신학교가 혁명가들을 길러낸 적이 있었는가!

급진적인 혁명가들 말이다!

어쩌면 우리는 이렇게 믿고 있을지도 모른다. :

그런 사람이 아직도 필요한가,

이제는 필요치 않은 것이 아닌가!

종교개혁이 성공적으로 이뤄지지 않았는가!

신약 성경 지식에 정통하게 되는 것을 지나치게 강조한 나머지

다른 모든 중요한 문제들이 해결되었다고

우리가 착각하는 것은 아닐까?

회복을 위한 급진적인 행동이 더는 필요치 않다고

자신도 모르게 단정해버린 것은 아닐까?

신학교가 급진적인 변화를 경험한 적이 있었는가?

그 안에 혁명적인 사람을 품어본 적이 있었는가?

더는 오를 산이 없고 이제는 항해할 바다가 없다고 여겨지는가?

좋다. 그렇다면 과거로 돌아가는 것은 어떤가?

3. 고대 그리스의 이교도들

신학교의 뿌리를 찾아 내려가 그들을 만났을 때의 황당함

누가? 언제? 어디서? 왜?

대부분의 신학교 교수들은 그 대답을 하지 못한다. 개신교의 역사 어딘가에 신학교의 뿌리가 닿아 있을까? 아니면 가톨릭의 역사 한 편에? 아니면 정말 성경 말씀에? 그러나 만약 신학교의 원형이 이교도들 안에서 발견된다면?

만약 신학교의 뿌리가 이교도에 닿아 있음을 모든 개신교 지도자들이 알았다면 지금의 상황이 달라졌을까? 그 사실이 누군가를 변화시켰을까? 그 사실이 알려졌더라도 역사의 어느 지점에서 누군가에 의해 그 이교도적인 부분이 살짝 제거되었을 것이 분명하다.

안타깝지만 신학교가 변화를 시도한 몸부림은 역사 가운데 존재하지 않는다.

당신과 내가 신학교에 등록하던 날

당신이 신학교에 들어가던 그 날을 회상해보라.

신학교는 바로 거기 어떤 장소에 자리를 잡고 있었다! 2) 그리고 우리는 기숙사에 딸린 방을 배정받았다. 우리의 첫 번째 채플과 수업은 훌륭했다. 우리는 죽음 이후에 들어갈 우리의 천국을 보장받았다고 생각했다. 모든 것이 아름다웠다.

하지만 아름답다고 해서 그 사실이 신학교의 뿌리를 바꾸지는 못한다. 현대 신학교는 그리스도께서 오신 이후 그분의 일꾼들을 길러내기 위해 시작된 것이 아니다. 즉 현대 신학교는 그리스도께서 이 땅에 오시기 이전에 이미 이교도들의 손에 자라나고 있었다.

요약: 신학교의 뿌리와 그 관행들은 모두 이교도들의 손에서 시작되었다.

---

2) 주님이 가시는 곳을 따라 이동하는 것이 아니라! 역주

4. 그리스도께서 오시기 훨씬 이전부터

신학교 개념은 기독교보다 앞서 있었다. 그렇다고 고대 예루살
렘에 그 뿌리를 두고 있는 것도 아니다. 신학교의 조상은 이교
도들이었다.

아! 우리가 놓친 중요한 사실이 있다

기독교가 두 번째 세기를 맞았을 때 그리스 교육철학이 이미 거
기에 자리를 잡고 있었다. 이 그리스 철학은 기독교를 포함한 다른
모든 것들을 휘어 감고 있었다. 이교도적인 교육개념이 이미 그 시대
를 선점하고 있었다. 다른 교육적 대안이나 모범은 파고들 여지가 없
었다.

현대 신학교육을 구성하는 요소들이 바로 여기 숨어있다

이제 오늘날의 신학교육을 구성하는 모든 요소를 불러 모아 한 도
가니 속에 넣어보자.

그리고 이 도가니 속에서 무엇이 흘러나오는지 관찰해보자.

신학교 개념을 형성한 최초의 요소들은 한 무리의 여신들과 함께

시작된다.

강력한 영향력을 행사하는 두 명의 이교도

현대 신학교육의 뿌리를 추적하는 우리의 여정은 플라톤(B.C. 427-347)으로 거슬러 올라가 그의 제자인 아리스토텔레스(B.C. 384-322)에게로 이어진다. 아리스토텔레스야말로 서양인들의 사고 구조에 기본적인 틀을 제공하고 요지부동의 교육개념을 공급한 사람이다. 뼛속까지 이교도였던 이 플라톤과 아리스토텔레스가 현대 그리스도인들이 사활을 거는 신학교 개념의 토대를 마련하였다. 이런! 이 두 사람은 **아직도** 죽지 않았다. 이들은 오늘날까지 지구상의 모든 신학교 복도를 거룩하게! 활보하고 있다.

예외가 없다.

우리의 "기독교 교육" 개념은 신약성경이나 예수님을 그 토대로 삼지 않았다. 바울도 아니고, 예루살렘도 아니며, 유대교도 아니다. 그것은 단지 이 그리스 철학을 근간으로 삼고 있다.

그리고 이 그리스 철학은 한 여신으로부터 출발한다.

여신과 나무숲

B.C. 386년, 우리는 나무숲에서 무언가를 가르치는 플라톤과 만난다. 이 플라톤 선생이 교육을 펼치는 장소는 그리스신화에서 **아카데모스**(*Akademos*)라고 불리는 영웅의 이름을 딴 **아카데메이아** (*Akademeia*)라는 곳이다. 이 장소는 지혜의 여신 아테네에게 드려진

거룩한 장소였다. 우리에게 주어진 **아카데미**(academy)라는 말이 바로 이 **아카데메이아**(*Akademeia*)에서 나왔다. (플라톤에게 배우는 학생들을 아카데믹스(academics, 학도, 혹은 학자))라고 불렀다.) 현대 신학교 개념이 생명을 얻은 곳이 바로 이 나무숲이다.

플라톤의 수제자

플라톤의 제자 중 하나가 그야말로 우리 서양인들의 사고와 행동 방식들의 틀을 제공하는 일련의 책을 묶어내었다.

여기에 서양적인 사고구조가 전부 담겨있다! 그래서 우리가 서양적 사고를 한다고 말했을 때, 그 말을 기독교적인 정신과 동일시할 수는 없는 노릇이다!

아홉 명의 여신들

우리의 문학, 예술, 연극이나 정부, 과학, 교육제도는 모두 플라톤과 아리스토텔레스(그리고 그들의 동료 피타고라스-Pythagoras)에 그 뿌리를 두고 있다. 이들 교육가는 모두 뮤즈(Muses)를 숭배하는 자들이었다.

뮤즈?

뮤즈는 여신들이다. 그들은 문학, 예술, 연극, 과학, 시, 웅변 등을 관장하는 아홉 명의 여신들이었다.

(당신은 동방종교들이 좀 무섭다고 생각했을 것이다. 서구교육의 뿌리는 훨씬 더 무시무시하다.)

사람들은 이 아홉 명의 여신들을 영감을 불어넣는 영으로 섬겼다. 이 아홉 명의 여신들이 사람들에게 영감을 공급해 준다고 생각했다.

즉 이 아홉 명의 여신들에 뿌리를 둔 사고구조가 플라톤의 나무숲을 통해 서양인들의 사고구조로 흘러들어왔다는 말이다. 사고구조란 "우리는 이러이러한 방식으로 생각합니다."라는 말에 불과하다. 우리의 사고구조는 바로 이 그리스-플라톤-아리스토텔레스를 통해 형성되어왔다.

이들 두 사람은 서양인들의 논리적이고 이성적인 생각과 전두엽에 생명을 불어넣었다. 그리고 이 그리스적인 사고방식이 결과적으로 기독교적인 정신을 덮어버렸다.

사람이 종종 말하는 것처럼, "생각한다는 것, 그것은 곧 아리스토텔레스를 생각하는 것이다." 아리스토텔레스의 가장 위대한 점은 "생각"하는 것이다. ("논리적으로 생각하라", "이성적으로 생각하라" 등등.) 그렇게 "생각"하다 보면 결국, 모든 문제를 풀 수 있다고 그는 믿었다. 기가 막히지만, 어떤 사람들은 아리스토텔레스를 "과학적 사고방식의 아버지"라고 불렀다. 지금에 와서야 역사가 그의 비과학적 "사고방식"을 증명해주었지만, 그의 "생각"이 틀린 것은 차치하더라도 그가 경험적인 탐구를 말살해버렸다는 사실이 드러나는데 천년의 세월이 걸렸다.

그에게 따라다니는 별명이 하나 더 있다. 아! 고대인이었던 그가 중세 "암흑시대"(A.D. 700-1100)의 할아버지로 불린다.

아리스토텔레스의 영향력은 검증도 거치지 않은 채 지난 천 년 동안(B.C. 300-A.D. 1400) 우리 가운데 지속적인 맹위를 떨쳐왔다.
그는 모든 신학교의 대부(代父)이다.

요약: 그리스신화의 여신들이 그리스 교육개념의 뿌리이다. 신
학교는 이 그리스 교육개념 위에 세워졌다. 기독교가 2세기에
접어들었을 때 거기엔 이미 이 교육개념이 홀로 존재하고 있었
다. 신학교의 뿌리는 여기서 시작되었다.

5. 아리스토텔레스가 파놓은 구덩이

아리스토텔레스는 그리스도인인 당신과 내가 사고하는 방식의 틀을 짜놓았다. 우리가 신약성경에 접근하는 그 방식조차도 아리스토텔레스가 짜 놓은 그 틀을 따른다! 믿을 수 없는가?

개요를 만들라는 요구를 받아본 적이 있는가? (예를 들면, "신약성경에 관한 이 책의 개요를 써보라"라는 식의!) 아리스토텔레스가 그 개요를 적는 방식을 "창조해냈다." (예수 그리스도께서는 "팔복의 개요"를 말씀하신 적이 **없다**. 바울이 "갈라디아서의 개요"를 말한 적도 **없다**. 하지만 신학교 교수들은 그것을 **요구**한다.)

"명확한 정의(定義)를 내린 후 시작해보라"는 요구를 받아본 적도 있는가? 그것은 바울이 갈라디아서를 시작한 방법이 아니다. "분명한 정의를 내린 후 시작하라"는 요구는 아리스토텔레스가 그의 학생들에게 가르친 연설법의 요지이다.

우리는 역사상의 다른 어떤 사람보다도 아리스토텔레스의 방법론에 더 많이 의존하고 있다. 이러한 그리스적이고 아리스토텔레스적인 사고방식은 우리가 예수 그리스도와 바울, 둘 모두를 이해하는데 장벽으로 작용해왔다.

사실을 말하자면!

이러한 사고방식이 1세기 영성에 접근하려는 우리의 절박한 여정에 무자비한 훼방을 가하였다.

우리의 사고방식은 우리가 처한 문화, 전통, 심지어 종교(우리의 기독교 신앙을 포함하여)보다도 훨씬 더 강력하여 그보다 훨씬 더 큰 영향력을 행사하고 있다!

우리의 사고방식 자체가 아리스토텔레스에 의존하기 때문에 우리의 신학교 역시 그와 똑같은 것은 이상한 일이 아니다. 비극 중의 비극은, 우리가 신약성경에 접근하는 방식 또한 그리스도가 아닌 그리스인들의 이성적인 사고방식에 기댄다는 사실이다. (그리스도께서는 이 세상이 아닌 다른 세상의 정신을 가지고 계셨다.)

좀 위험하지만, 예를 하나 들어보자: 당신이 기독교 신앙으로 간단히 처리할 수 있는 가장 단순한 문제조차도 교육의 현장으로 넘어가면 복잡해지고 고차원적인 옷을 입는다. 영문자 "i" 위에 붙은 첨자 "ㆍ"에 대해 논문을 쓴 사람에 대해 당신도 들어본 적이 있을 것이다. 이런 상황을 빗댄 옛 속담이 있다.

점점 더 하찮은 일에 대해 점점 더 많이 알게 된 사람은
마침내 아무것도 모르게 된다.

요약: 아리스토텔레스의 영향력은 우리의 사고방식과 모든 신학교 훈련방식에 철두철미하게 스며들었다.

6. 신학이 의존하는 그리스 대부(代父)

아리스토텔레스의 영향은 여기서 그치지 않는다. 그는 우리 기독교 신학의 할아버지이다.

아리스토텔레스는 우리 마인드의 틀을 형성하고 있다. 즉, 우리가 어떤 것을 이해할 때 작동하는 인지 과정의 틀을 그가 짜놓았다. 그가 우리의 인지과정 자체이다.

당신은 신학교에서 아리스토텔레스를 배웠거나 배우게 될 것이다. 무엇보다 당신은 그의 가르침을 부지불식간 실행에 옮기도록 요청받고 있다. 수사학에 대한 아리스토텔레스의 가르침이 바로 그것이다. 아리스토텔레스의 수사학이란 다름 아닌 현대 기독교의 설교이다. 아니라고 말할 수 있는가?

그다음엔….

건축학마저?

기독교 건축 역시 똑같은 뿌리를 가지고 있다면 믿을 수 있겠는가?

플라톤은 경외감(the sense of sublime)이라는 주제로 학생들을 가르쳤다. 이것은 건축물, 색, 빛에 의해 생성되는 경외감을 포함한다. 이런 요소들을 사용해 경외감을 창출해내는 것이 권장되었다. (당신이 이런 경외감에 속아 넘어갈 사람이 아님을 나는 믿는다.)

플라톤의 이교도철학은 그리스 건축가들에 의해 이교도 성전과 같은 건축물을 짓는데 차용(借用)되어 그대로 투영되었다. 그리스 건축물의 지향점은 최대한 웅장함과 경외감을 연출하는 신전을 지어 이교도들이 그곳에 드나들 때 그 경외감에 압도되게 만드는 것이다! 이후 플라톤의 가르침은 기독교 건축가들의 작업 속에 그대로 녹아들었다.

빛, 색, 그리고 높이

플라톤의 가르침은 우리 기독교인들에게 높은 아치형의 성전 천장, 종탑과 첨탑, 조명과 채색을 선물했다. 그는 스테인드글라스의 대부(代父)이기도 하다. 이 모든 요소에 음악을 곁들여보라. 그러면 당신은 거의 하나님의 임재에 빠질지도 모른다! 황홀감을 풍기는 교회 건물에 들어가면 거기엔 플라톤이 살아 움직인다! 교회건축의 비결은 그리스 이교도들 가운데 그 뿌리를 두고 있다.

그냥 드러내고 말하겠다. 이교도들이 현대 교회 건축물의 아버지이다! 만약 우리가 가정집 거실에서 모임을 했더라면 "기독교 건축물" 따위는 절대 존재하지 않았을 것이다.

남부 대농장 시대, 농장주들은 그리스 파르테논 신전을 모방해 그들의 집을 지었고 이후 침례교도들은 그것을 식민지 주택의 전면에 적용했다. 다른 말로 하면, 규모가 큰 침례교회 건물들은 파르테논 신전의 복제품이라는 말이다.

내가 다녔던 침례교신학교는 그것을 드러내놓고 모방했다. 신학교 중앙의 건물이 아예 동물들의 신에게 드려진 파르테논 신전을 복원한 것이나 다름없었다.

아리스토텔레스와 수사학은 아직도 건재하여
주일 오전 11시에 다시 살아난다.
우리는 아리스토텔레스가 설정해놓은 틀 안에서 설교한다

웅변술은 연설을 다루는 예술이다. 좀 더 관심을 두고 들여다보라. 얼마나 많은 "예비 설교자"들이 "하나님의 말씀을 전파"하는 기술을 배우려고 강의실에 앉아있는지? 그 수업 자체가 문자 그대로 아리스토텔레스의 설교법이다.[3]

아리스토텔레스는 언제나 명확한 개념정리로 설교를 시작하라고 말했다. 그다음 서론이 뒤따르고, 몇 가지 핵심을 전달하며 예화를 들려준 후 결론을 내리면 훌륭한 설교가 된다.

그리고 오늘 우리의 설교는 정확히 그 틀을 따르고 있다.

당신은 평생 아리스토텔레스의 설교를 들어온 셈이다.

물론 그 설교법은 신학교에서 들었던 바로 그 상투적인 가르침에 의존한다.

---

3) 설교 수업은 도입-개념정리-예화를 곁들인 서너 가지 핵심 전달-결론이라는 형식에서 절대 벗어나지 않는다. 그것이 우리가 받았던 설교법의 핵심이다.

"좋은 설교는 도입부, 세 개 정도의 요점, 결론, 시 한 편,
그리고 임종 이야기를 담고 있어야 한다!"

어쨌든 우리의 설교는 아리스토텔레스 이상도 이하도 아니다. 지금도 그러하고 앞으로도 그러할 것이다! 잊지 말아야 할 것은, 이 모든 요소가 한데 모여 신학교를 지지하며 당신의 훈련방식을 구성하고 있다는 것이다.

그 밖에 또 다른 요소들은? 물론 … 더 있다.

모자와 가운

B.C. 300년경, 아리스토텔레스학파의 학생들은 그에게 강연을 들을 때 검은 모자와 가운을 착용했다. 지금까지도 옥스퍼드 학생들은 여전히 이 관행을 따른다.

당신은 현대 신학교를 구성하는 초기 이교도적 요소 중 얼마를 확인하였다.

신학교, 과연 성경적인가?

혹시 이렇게 질문하고 싶은 생각이 드는가? "뿌리는 이교도적 요소였을지라도 지금껏 그것들을 제거해오지 않았나요?" 그렇지 않다. 전혀.

어떤가! 신학교에 들어가고 싶은가? 좀 더 나은 방법이 우리에게 있지 않을까?

그것들은 기독교 시대 이전에 이미 자리를 잡고 있었다

이제 초기 기독교 시대로 무대를 옮겨보자. 거기서 신학교를 구성했던 처음 요소들을 좀 더 깊게 추적해볼 수 있을 것이다. 혹, "이것이 하나님의 사람을 훈련하는 진정한 신약성경적 방법입니까?"라고 누군가 기독교 역사 한복판에서 질문했을 거라고 기대하지 말라. 지금까지 그런 질문을 던진 사람은 없었다. 이제 우리가 이를 곳은….

요약: 신학교의 대부(代父)는 그리스인(人) 아리스토텔레스이다. 그리고 플라톤은 기독교 건축의 대부이다. 그들은 현대교회 설교의 아버지이며 심지어 학위 수여식장의 대부이기도 하다.

7. 2세기는 우리를 탈선하게 했다

2세기(A.D. 100-200)에 무슨 일이 있었던 것일까? 서양은 그리스 방식의 교육모델에 전면 노출되어 있었고 그 방식은 완전 이교도적이었다. 무엇보다 그것은 이미 2세기를 선점(先占)하고 있었다. 그리스 교육모델은 유럽에서 어떤 경쟁도 거치지 않았다.

"잠깐만! 이건 바울이 교회를 일으켰던 방식이 아니잖소? 예수님께서 그분의 사람들을 훈련했던 방법도 아니고!"… 어느 누구도 이렇게 말한 사람이 없었다. 그리스적인 교육방식을 둘러싼 이 모든 요소는 그리스도께서 그분의 열두 제자를 훈련했던 방식이나 바울이 여덟 명의 젊은이를 훈련했던 방식과 전혀 다른 교육풍토를 제공했다.

2세기 교회가 시대의 무대로 등장했을 때 그들은 이 중대한 실수에 눈감아버렸다. 그로써 우리는 우리 자신의 부유한 유산을 상실하게 되었다. 우리는 영원히 길을 잃어버렸다. 일꾼들을 훈련하는 우리만의 고유한 방식을 잃어버렸다! 결과적으로 하나님의 사람을 훈련하는 방식은 오늘날의 신학교로 한발 한발 우리를 이끌어갔다.

그리고 그것을 지켜보며 천사들은 울었다!

이러한 이교도적 요소들은 이후 기독교 신앙으로 개종한 일단의 그리스계 철학자들에 의해 날개를 달았다. 이들이 교육과 관련된 일을 맡으면서 주사위는 이미 던져졌다. 그리고 시간이 흘러 그것이 빚어놓은 참담한 결과는 오늘 우리가 보는 목사직에 그대로 흘러들었다. 아니다! 상황은 그보다 훨씬 안 좋게 흘러간다. 2세기 초, 글을 쓸 수 있었던 유일한 사람들은 바로 이 기독교 **철학자**들이었고, 불행하게도 우리는 그 기독교 **철학자**들의 문서를 기독교 문서로 알고 받아들여버렸다.

당신….바로 당신이 신학교에 입학하던 그 날

당신이 구원받던 당시를 기억하는가? 당신은 예수 그리스도와 사랑에 빠졌다. 당신은 그분에게 집중하고 있었다. 그다음 당신은 목회로 부름을 받았다. 그리고 당신은 신학교(혹은 성경학교)에 등록하게 된다.

당신의 교수에게 이렇게 질문해본 적이 있는가? "신학교는 처음에 어떻게 생겨났습니까?" 결코! 그렇게 질문했던 사람은 없었다. 아니! 당신이 입학한 그 신학교를 세운 사람도 그렇게 질문해본 적이 없었다.

그가 속으로 그런 궁금증을 가지고 있었는지는 모르겠다.

만약 현대 신학교육이 "신학교가 성경적 토대 위에 세워졌는지"를 신학의 중심주제로 삼는다면?

그보다 훨씬 더 기발한 생각이 있다. 만일, 모든 신학교 교수들과 신학생들에게 신학교의 기원과 신학교에서 가르치는 과목들의 뿌리를 필수 연구주제로 삼으라고 한다면?

당신이 그 결과를 예측해보라.

또 다른 질문도 가능하다. 모든 신학생이 지금과는 전혀 다른 방식으로 교육받는다면? 즉, 바울이 그의 젊은이들을 훈련했던 방식으로 교육받는다면 어떤 일이 일어날까!

이 모든 일이 실제로 일어난다면 그래도 신학교의 관행들이 여전히 유지될까?[4]

그렇게 안개가 걷힌다면 우리의 지도자들은 더는, "성경에 충실하시오. 오직 성경입니다!" 라는 말을 쉽게 할 수 없을 것이다. "성경 말씀 앞에 진실하십시오. 성경만이 당신의 자원입니다." ··· 이 말이야말로 역대 가장 모순적인 말이 아닌가?

신학교에 등록하는 모든 신입생에게 신학교의 현재 관행들의 뿌리와 발전과정을 알리는 것이 바람직하지 않을까? 우리의 학생들에게 신학교의 출처를 말해주지 않는 것은 부정직한 처사가 아닐까? 신학교 신입생들에게 바울이 그의 젊은이들을 훈련했던 방법을 소개하지 않는 것은 비겁한 처사가 아닌가?

당신은 미래의 어느 날, 신학교가 그렇게 하리라 기대하는가? 만약 그렇게 한다면 신학교가 죽음을 맞이하는데도···? "신학교가 성경적인가?" 라는 질문은 신학교 복도에서 결코 울려 퍼지지 않을 주

---

4) 내가 신학교 교수라면, 나의 학생들이 신학교의 뿌리를 알게 되는 상황을 절대 만들지 않을 것 같다.

제일 것이다. 왜냐하면, 신학교는 신학교에 대한 주제를 다룰 준비가 되어있지 않다! 과연 신학교가 신학교에 대한 논쟁에 불을 붙이게 될까? 그럴 가능성은 없다. 신학교는 그 역할을 맡지 않을 것이다.

이제 중세 암흑시대로 건너가 보자. 여기서도 오늘날의 신학교를 형성한 얼마간의 자원들을 우리는 보게 될 것이다.

요약: 쉽지 않은 질문들이 있다. 신학교가 신학교의 뿌리에 대해 가르치는 날이 올까? 신학교 교수들은 신학교의 출처에 대해 알고 있을까?! 모두가 이 사실을 알게 된다면 어떤 일이 일어날까? 무슨 변화라도 촉진될까? 한 신학교가 "바울이 어떻게 그의 젊은이들을 훈련했는지"에 대해 가르치는 날이 올까?

8. 중세! 현대 신학교의 풍성한 자양분이 축적되다

로마제국은 A.D. 410년경, 마지막 붕괴의 조짐을 보이기 시작했다. A.D. 약 450년경, 고트족(그리고 서고트족과 반달족)은 로마를 거의 그들의 전쟁 놀이터로 삼고 있었다. 이 야만인들이 로마 시내에 물을 공급하던 수로를 파괴한 것도 이쯤이었다. 물이 끊긴 도시의 인구는 백만 명에서 겨우 일만 명으로 곤두박질했다!

그레고리 대왕(대략 600년) 통치하 로마의 인구는 약 5천명으로 추정되었다. 그런데도 그는 유럽을 다스리던 통치자로서의 이미지와 영향력을 계속 보유하고 있었다. 로마의 감독은 한때 로마 황제가 가지고 있었던 그 위세에 상응하는 권력을 휘둘렀다.

그때로부터 중세 이후까지도 유럽의 주 종교는 기독교가 아니라 **미신**이었다.

암흑의 시대(700-1100)는 그렇게 시작되었다.[5] 그 암흑과 미신의 시대에 현대 신학교를 위한 자양분이 축적되었다는 사실은 경악할 만한 일이다.

대체 그 시대에 어떤 일들이? 당신은 깜짝 놀랄 것이다.

---

5) 나는 개인적으로 중세 암흑시대를 1200년까지로 상정한다.

이것을 생각해보라. 그 당시 유럽에서 영향력을 행사하던 사람이 누구였을까? 바로, 우리의 **독실한 독신 형제들**이었다! 결혼도 포기한, 지극히 종교적인 독신 형제들! 나는 지금 로마가톨릭 사제들을 말하는 것이다! 남다르게 종교적일 뿐 아니라 **모두 독신**인 이 남자들은 모두 초월적인 상상력의 소유자들인지라 결혼생활을 통해 배우는 균형감이 제로에 가까웠다.

로마 감독과 바로 이 독신 형제들이 당시 유럽의 실질적인 영향력을 장악하고 있었다.

자유로운 여행이 제한되자 42개의 국가가 태어났다.

안전한 여행(이동)이 끊어진 유럽(450-1300)은 서서히 그 지방의 언어들이 라틴어를 대신하기 시작했다. 이탈리아어, 스페인어, 프랑스어, 그리고 로마어가 새롭게 드러났다. 라틴어는 소멸하고 있었고 헬라어는 완전히 사라졌다. 제국은 **42개국**으로 분열되었고 이들 국가는 한때 **두 언어**를 사용하던 **단일제국**에서 서서히 벗어나고 있었다.

교육은 사실상 소멸하였다. 700년쯤엔 무역이 생겨났다. 수도사들만이 독식하던 읽고 쓰는 능력, … 그 능력을 나누어 가진 무역이 출현하고 있었다.

그러한 환경에서 현대 신학교의 자양분이 축적되었다는 것은 무슨 의미?

사기꾼-디오니시우스

역사는 그를 위(僞)디오니시우스라 부른다. 그는 기독교 역사에 가장 큰 영향력을 행사한 사람 중 하나이다. 그의 실제 이름은 알려지지 않았다. 시리아(대략 500년경)에 살던 이 수도사는 플라톤 사상이 다시 한번 유행하던 그 시대에 흠뻑 젖어있던 **플라톤학파**의 철학자였다. (그를 **신(新) 플라톤주의자**로 불러도 좋다!) 그는 희대미문의 허구적인 작가였다. 디오니시우스는 그가 기록한 **허구적**인 글들 속에서 자신이 마치 디모데에게 편지를 쓴 1세기 당시의 사람인 것처럼 위장하였다. 디오니시우스는 본인이 바울의 가르침을 디모데에게 전달한 사람인 것처럼 문서를 조작하였다. 실제로는 500년대에 살았던 사람임에도 이 부정직한 작가는 자신의 글들 속에서 마치 A.D. 54년, 바울이 아테네에 복음을 전하던 당시, 자신이 아테네에 살았던 사람인 것처럼 속였다. 그의 글 속에서 디오니시우스는 바울이 자신을 그리스도께로 인도한 후 직접 신학을 가르쳐주었다고 주장했다. 물론 모두가 새빨간 거짓말이었다.6)

믿기 힘들겠지만, 사람들은 이 사람이 지어낸 이 가공의 이야기들을 모두 1세기 기독교문서라고 확신했다! (잊지 마시라. 위(僞) 디오니시우스는 6세기에 살았고 그가 그 글들을 작성했다.)

결국, 600년대 사람들과 700년대 사람들은 디오니시우스에 속아 바울이 실제로 플라톤주의 철학자였던 것으로 믿게 되었다. 그리고

---

6) 1세기에 디오니시우스라는 사람이 아테네에 살았던 것은 사실이다. 그 사람의 이름을 6세기에 살았던 이 사기꾼이 도용한 것이다.

오늘까지도 위 디오니시우스가 썼던 그 글들 가운데 일부가 당신의 머릿속에서 위력을 발휘하고 있다. 결과적으로 위 디오니시우스의 신(新) 플라톤주의는 **현대 조직신학의 한 영역**을 당당히 차지하고 말았다! (다시 한번 반복할 필요가 있을까?) 디오니시우스라는 이 허구적인 작가는 매일 매일 조직신학 강의실에서 여전히 플라톤주의를 강의하고 있는 셈이다. 애석하게도, 그의 가르침들 속에선 신약성경의 냄새조차 나지 않는다.

그리스도인의 영적성장(단계) 조차 이교도사상이라고?

많은 목사가 "그리스도인의 성장단계"에 대해 가르쳐왔다. 하지만 그들은 자신이 가르치는 그 내용이 위(僞) 디오니시우스라는 신 플라톤주의 수도사의 가르침이란 사실을 모르고 있다. 위 디오니시우스는 플라톤을 인용하여 **영적성장단계**(*the hierarchy of spiritual ascent*)라는 가르침을 폈다(바울을 인용한 것이 아니라!) 플라톤에 충실한 학생답게 이 위 디오니시우스는 빛과 색, 그리고 건축에 대해서도 가르쳤다. 왜? 사람이 예배당 건물로 들어설 때 그 환경에 압도되어 "경외감"을 가질 수 있도록! 중세의 많은 기독교 건축물들이 그렇게 태어났고 그것들은 현대교회의 성전건축에 그대로 반영되어왔다.

위 디오니시우스에 속아 넘어간 중세인(人)들은 바울이 정말로 이 모든 것들을 가르쳤다고 믿어버렸다! (바울이 기독교 건축을 가르치다니?!!)

실제로 오늘날 기독교의 예배는 플라톤 사상의 핵심에 닿아 있다! 당신이 신학교 강의실을 옮겨 다닐 때마다 그 시리아 출신 수도사가 당신 뇌의 한 부분을 차지하고 있다는 사실을 기억하라. 이제 채플과 교회당 건물로 들어설 때마다 당신의 눈에 그 웅장함이 새롭게 다가올지도 모른다.

그러나 이 모든 일은 이들 독신 형제들이 생각해낸 또 다른 엄청난 일들에 비하면 정말 아무것도 아니다!

> 요약: 플라톤의 가르침이 기독교에 휘몰아쳤다. 아리스토텔레스는 중세 가톨릭 철학자들에 의해 "세례를 받았다." 토마스 아퀴나스는 우리에게 요지부동의 신학적 토대를 제공하였다. 그것은 가톨릭 신학이나 개신교 신학이나 마찬가지다. 두 신학교육 모두 본질상 아퀴나스의 "조직신학"을 그 토대로 삼기 때문이다.[7]

---

7) 토마스 아퀴나스가 아리스토텔레스에게 세례를 주었다는 속담은 실제로 사람들 가운데 회자되는 말이다. 왜냐하면, 아리스토텔레스의 철학적 토대 위에 아퀴나스의 신학이 세워졌기 때문이다.

9. 고전주의 사고방식이 모든 진보를 가로막다

인류 역사상 가장 비참한 사상 중 하나가 등장한다. : 고대(classics era)는 완벽했다는!! 너무나 완벽해서 덧붙이거나 뺄 것이 없다는!!

고전주의 사상(B.C. 300-A.D. 600)은 영감이 넘치고 완벽한 것으로 신성시되었고 제거하거나 고칠 것이 전혀 없는 것으로 여겨졌다. 어느 날 갑자기 고전주의 사상이 무흠하고 논쟁의 여지가 없는 사상이 되어버린 것이다. 이 "고전주의 사상"에 의문을 제기하는 것은 단죄되었고 거의 죽음에 합당한 것으로 정죄 되었다! 가톨릭은 기독교 고전주의 시대(B.C. 8-A.D. 600)를 마치 성경에 의해 영감을 받은 시대인 것처럼 숭상해왔다. 복음주의 역시 상황을 무론 하고 그런 시류와 판단에 동조해왔다. 그리고 실제로 그렇게 움직여왔다.

이 알 수 없는 사상에 밀려 과학의 진보는 사장되었다! 과학뿐 아니라 다른 모든 새로운 사상 역시도 그와 함께 죽어버렸다. 이 괴상한 신념은 1400년대까지 계속되었지만 거기서 끝난 것이 아니라 그 잔재가 오늘 우리 안에 여전히 남아 위세를 떨치고 있다. (우리 헌신적인 개신교도들 역시 거기에 포함된다. 그렇지 않다면, 스테인

드글라스, 성가대, 강대상, 설교 등의 자원을 우리가 어디서 얻었겠는가?)

사람들은 천천히 이 음침한 시대에서 기어 나오기 시작했다. 기독교 고전주의 사상이 한편으론 기독교 사역자 양성과정에서 그래도 성경을 지켜내는 데 일조하지 않았을까? 전혀! 한 치도! 사람들은 갈릴리로부터 점점 멀어졌고 신학교식 훈련방법은 더욱 고착되었다.

그리고 일꾼을 훈련하는 이 그리스적 방식은 … 의 출현과 함께 더욱 기세등등하게 되는데…

요약: 고대 그리스 사상(A.D. 300-A.D. 600의 신(新) 기독교 사상 포함)은 완벽할 뿐 아니라 고정불변의 진리라는 가르침이 횡행하였다.

10. 대학의 출현과 함께 신학교가 그 꼴을 갖추다

지구상 최초의 대학을 만나보자.

대학이라는 개념과 그 실체가 갖춰지기 시작한 것은 이탈리아의 볼로냐에서였다(A.D. 1158). 학생들에 의해 설립된 볼로냐대학을 따라 프라하, 그리고 파리의 소로본이 생겨났다. 이후, 황소(oxen)들이 작은 강을 가로질러 건너면서 형성된 한 계곡에도 대학이 세워졌는데 사람들은 그곳을 옥스퍼드라 불렀다!

대학의 출현과 더불어 신학교도 그 실체를 갖추었다. (이 점을 놓치지 말라: 대학에서 가르치던 모든 것은 가톨릭교회의 철권통치 하에 관리되었고 대학 자체가 **전적으로** 가톨릭 사제들을 양성하는 기관이었다. 그 외에 다른 목적은 없었다!)

대학의 조직과 커리큘럼은 고착되었고 이후 이 조직과 커리큘럼 두 가지 모두 그대로 신학교로 옮겨져 왔다.[8]

종종 이런 말을 들은 적이 있다. : "강의실 훈련방법도 나름 하나님의 뜻이 아닐까요? 그렇지 않다면 하나님께서 막으셨을 겁니다."

---

8) 성직자가 되기 위해 선생의 강의를 들으며 교실에 앉아있는 것은 가톨릭대학이나 신학교가 전혀 다를 바가 없다. 사제가 될 사람들을 위한 훈련방식이 처음 출현했을 때 누구도 예수님이나 바울이 젊은이들을 훈련했던 방식을 떠올린 사람은 없었다.

그래서, 이런 훈련방식이 하나님 그분의 뜻이란 말인가?

(나는 내 두 귀로 이렇게 말하는 것을 직접 들은 적이 있다.)

교회의 현재 관행들을 급격히 변화시키기 원한다면 당신은 현재의 사역자훈련방식에서 완전히 떠나야 한다.

신학교는 그저 또 하나의 대학일 뿐이다. 명심하라. 대학의 교육모델이 형성될 때 누구도 신약성경을 의식하는 사람은 없었다.

신학교의 핵심 커리큘럼은 갈릴리나 에베소에서 생겨난 것이 아니다. 그것은 이탈리아 볼로냐에서 출현하였다. (비록 그 본질은 그리스의 한 나무숲에서 형성되었지만!)

대학과 신학교 모델은 어쩔 수 없이 암흑시대가 만들어낸 교육모델이었다.

우리가 좀 더 나은 방법을 택할 수는 없을까?

사각형 강의실의 탄생

대학이 우리에게 가져다준 것은 무엇일까? 첫째는, 한 사람의 메모를 그의 노트에서 다른 사람의 노트로 옮겨 적는 방법이다. 두 번째는, 신학적인 지식이 사람을 영적으로 변화시킬 수 있다는 믿음이다! (실로 이것은 무시무시한 발상이다.)

정확히 그 두 가지다! 이것이 대학이 우리에게 준 선물이다. 그리고 그 믿음은 얼마간 오늘날에도 그대로 유지되고 있다.

당신과 나는 그렇게 생각해본 적이 없겠지만, 신학교육을 마침으로써 영적으로 변화된다는 개념은 가톨릭교회 안에서 가르쳐온 불변의 진리이다. 그리고 그것은 그대로 개신교로 건너왔다.

"과학의 여왕"으로도 불리는 신학은 실제로 신학교육을 통과한 모든 사람이 영적으로 변한다고 믿는다! 좋든 싫든, 입 밖으로 그 말을 표현하든 안 하든 이 믿음은 신학교의 심장과 영혼 안에 각인되어 있다. 당신이 신학교 졸업장을 받는 그 날에도 이 믿음은 당신의 뒤를 묵묵히 받쳐준다.

분명히 우리는 이보다 나은 어떤 것을 선택할 수 있다!

대학 안에서의 하루

대학 강의실의 가르침은 시내산에서 혹은 올리브산에서 내려온 것이 아니다. 갈릴리 도로변이나 에베소교회에서 생긴 것도 아니다.

폐쇄된 사각형의 "교실"은 대학이 출현하기 전엔 생각지도 못했던 교육공간이었다. 학생들은 조그만 강의실에 짚을 깔고 앉았다. 교수는 앞에 서서 말했고 학생들은 앉아서 들었다. 교수가 말한 **모든 것**을 그대로 암기해 반복할 수 있으면 그 학생은 그 과목의 **마스터**(a master)가 되었다.

이것을 잊지 마시라 : 학생들은 미혼이어야 했다! 그들은 모두 독신(bachelors)이었다. 학사학위(bachelor's degree)와 석사학위(master's degree)라는 말은 그래서 생겨난 말들이다!9)

---

9) 독신 "bachelor"라는 용어가 내포하는 것은 신학교에서 훈련받은 모든 이들이 실제로 가톨릭 사제가 되기 위해 훈련받았음을 암시한다. 졸업했을 무렵, 그들은 모두 독신이었고 선생이 말했던 모든 내용을 "글자 그대로" 인용할 수 있어야 했다. 그들을 "마스터"라고 불렀다. 이것이 성경적인 훈련방식인가? 디모데가 문학사(B.A.)를 받았

학생들이 받은 학위는 그들이 자신들의 교수를 고용한 결과였다. 이제 그들은 그 과목의 전문가(professional master)가 된 것이다. 곧 그들도 교수(professor)라 불리게 될 터였다.

여기 당신에게 친숙한 용어가 하나 더 있다. 교사(teacher)라는 용어의 출처도 다르지 않다. 사제가 될 이 학생들은 **기계적 암기**를 배웠다. 즉 듣고 암기하고 또 다시 듣고 암기한 결과 이들은 선생이 말했던 것을 그대로 반복할 수 있게 된 것이다. 이후 교사 "teacher"라는 말이 박사(doctor)로 변했다. 그리고 인쇄술이 등장하자 선생의 말을 "듣고" 기계적으로 따라 하던 이 암기방식은 책을 "읽고" 따라 하는 방식으로 바뀌었다.

얼마나 성경적인가, 이 볼로냐의 사람이!

대학은 매우 놀라운 관행 하나를 가지고 있었다. 학생들이 교수를 인터뷰하고 고용한 다음 그들에게 보수를 지급했다. 그 교수가 맘에 들지 않으면 학생들은 그를 해고했다!10)

암흑시대가 우리를 혼란에 빠뜨린 것은 여기서 그치지 않는다.

토마스 아퀴나스

이제 우리는 그 사람 자체가 "기독교 신학"이나 마찬가지인 한 사람을 만나야 한다. 그의 이름은 토마스 아퀴나스(Thomas Aquinas,

---

는가? 바나바가 목회학석사(M.Div.)를 받았는가?

10) 학생들은 그들이 배우고 싶은 그 과목의 마스터로 만들어주겠다고 공언하는 사람들을 찾아 인터뷰했다. 이들 중 한 사람이 학생들에 의해 선택되어 고용되면 그때부터 그 사람은 학생들의 "교수 professor!"가 되는 것이었다.

1200년경).11) 그는 나와 당신의 생각 속에, 그리고 모든 신학교와 성경학교 학생들의 사고 속에 지대한 영향력을 행사해온 인물이다. 비극적이게도, 믿을 수 없을 만큼의 영향력을 끼친 이 사람의 신학은 믿을 수 없을 만큼의 결점으로 얼룩져 있다. 최악의 상황은 바로 이것이다: 토마스 아퀴나스는 위(僞) 디오니시우스가 정말로 바울 밑에서 신학을 배워 디모데를 가르친 1세기 기독교인이라고 확신했다. 이것은 아퀴나스가 바울을 플라톤주의자로 확신했음을 뜻한다!

"신학총론"12)이라 불리는 그의 거작 안에 인용되는 1세기 자료들에서 아퀴나스는 무려 백번 이상이나 위(僞) 디오니시우스의 자료를 인용하고 있다. 이것은 무엇을 의미하는가! "아퀴나스라는 인물 자체가 곧 기독교 신학 그 자체이다."라고 말할 때 그것이 의미하는 바는 바울을 플라톤주의자로 확신했던 아퀴나스가 당신의 신학교(혹은 성경학교) 커리큘럼이 되었음을 의미한다. 바로 그것이다. 그 말의 정확한 의미는 그 이상도 이하도 아니다. 조직신학에서 당신이 사용하는 교과서는 곧바로 아퀴나스가 말한 하나님, 그 사람이 해석한 천사, 그 사람이 인용하는 그 사람과 일치하는 내용을 담고 있다.

아퀴나스가 죽었을 즈음엔, 강의실, 기계적인 암기법, 노트필기, 교수, 박사, 학위, 독신… 등이 신학교육의 유산으로 이미 고착되어 있었다. 좋든 싫든 우리는 그렇게 플라톤의 영향력 아래 얼룩져 있다. 아퀴나스는 조직신학 강의실에 앉아있는 모든 신학생에게 지금

11) 역사상 가장 위대한 신학자로 여겨지는 토마스 아퀴나스는 학생들에게 "황소"라는 별명으로 불리던 육중한 몸집의 사제였다.
12) 라틴어, *Summa Theologium*

도 지대한 영향력을 행사하고 있다. 여전히!

이 모든 것들이 현장훈련과는 아무런 관계가 없음을 주목하라. 예수님과 바울은 현장훈련에 집중하셨고 교실과 강의실 수업은 존재하지도 않았다.

이런 질문을 던져보자: 기계적인 암기나 노트필기에 의한 훈련, 이것이 정말 영적인 훈련인가?

침을 한 번 꿀꺽 삼킨 후, 대학교육 모델이 1세기 모델과 살짝 비슷한 부분이 있다고 인정해주자.

그렇다 할지라도 우리는 다른 방식을 선택해야 한다. 비록 그럴 사람이 아주 소수겠지만!

이제 1200년대로 거슬러 올라가 그 폐쇄된 공간에서 대체 무슨 강의가 이뤄지고 있었는지 알아보자. 기본적으로 당신이 지금 신학교에서 배우는 핵심 커리큘럼과 크게 다르지 않을 것이다. 그때나 지금이나 강의실에선 대부분 토마스 아퀴나스와 그의 친구들 … 아리스토텔레스, 어거스틴 등이 주인공이다. 작은 차이가 있다면 지금의 신학교 교실에선 아리스토텔레스가 노골적으로 인용되기보단 아퀴나스와 어거스틴이 주로 인용된다는 정도이다. 그리고 당신에게 익숙한 사람은 아니겠지만 플라톤이나 아리스토텔레스만큼 위(僞) 디오니시우스도 여전히 당신의 강의실에 현존하고 있다.

하지만 대학 수업 전체가 모두 가톨릭신학은 아니지 않는가? 아니다. 결국, 아퀴나스가 가톨릭 신학을 대변한다는 사실은 변하지 않는다.[13] 개신교는 어떤가? 적어도 개신교는 아퀴나스를 가르치지는 않는다. 그렇지 않은가?

웬걸, 아퀴나스는 가톨릭 신학만큼이나 개신교 신학의 아버지 역할을 하고 있다.[14]

아퀴나스가 그의 기독교총론(Sum of Theology)에서 가르치는 내용이나 개신교와 가톨릭에서 가르치는 내용은 실제로 거의 다르지 않다. 어떤 신학교 강의실이나 조직신학 시간에 다루는 내용은 똑같다. 당신이 어떤 신학교를 선택했든 아퀴나스가 다루었던 그 주제를 당신도 배울 수밖에 없다.[15]

당신은 아무런 의문도 없는가? 우리는 모두 제기할 수 있는 모든 의문을 제기해야 한다.

아퀴나스가 설정해놓은 틀은 현대 복음주의신학교가 등장하기도 전에 이미 우리의 사고방식 안에 녹아 있었다.

이제 또 다른 충격적인 사건이 등장하는데….

---

13) 가톨릭신학의 대변자로 여겨지는 네 사람 중 둘은 동양 출신, 둘은 서양 출신이다. 하지만 가톨릭신학의 얼굴은 예나 지금이나 토마스 아퀴나스이다.

14) 당신의 신학교 교수들은 이 사실을 인식하지 못할 것이다. 그들 자신이 아퀴나스를 가르치고 있으면서도!

15) 대학 설립 이후, 가톨릭의 사고방식에 의문점을 제기한 사람이 나타난 적이 있다. 이 신사의 이름은 아벨라르(Abelard)였고 소르본대학에서 가르쳤다. 아벨라르는 아리스토텔레스에 진지한 의문을 제기했지만 안타깝게도 그가 문제를 제기한 방식과 도구들은 지극히 아리스토텔레스적이었다! 결국, 이 신사의 문제 제기는 또 다른 혼란을 일으키고 말았다.

요약: 교수, 커리큘럼, 사각 강의실, 주요 담론들, 강의, 노트필기, 성직자가 되는데 필요한 학사학위, 석사학위, 박사학위들은 모두 대학의 출현과 함께 신학교에 유입되었다. 그리고 이 대학의 등장과 함께 개신교 신학의 아버지인 토마스 아퀴나스가 우리에게 성큼 다가왔다.

11. 충격적인 질문

아퀴나스가 우리에게 다가왔을 무렵, 기독교는 100% 서양에 터를 두고 있었다. 우리가 생각하는 서양은 기독교로 뒤덮인 서양이다. 하지만 우리는 서양에서 발원하지 않은 신앙에 터를 두고 있다. 우리가 우리의 사고방식에서 좀 자유로울 수는 없을까?

우리 신앙의 뿌리는 어디에서 비롯되었을까? 이스라엘? 아니다! 바울로부터 시작된 것도 아니다. 우리의 믿음은 보이지 않는 영역에서 왔다. 그리고 보이지 않는 영역에 살고 계셨던 그분에 의해 우리에게 주어졌다. 그분은 지구에 오시기 훨씬 이전부터 그 보이지 않는 영역에 살고 계셨다!

서양은 이 신앙이 발원한 불가시적 영역이 아니다. 그렇지 않은가!

현실적인 답이 없는 질문

하나님 아버지께서 그리스도를 이 땅에 보내시려고 준비하셨던 그 과정들이 현재 우리의 신앙관습에 조금이라도 녹아 있을까? 그후, 이 땅에 오신 그리스도께서 열두 사람을 훈련했던 과정과 조금이라도 유사한 방식은? 바울이 여덟 젊은이를 훈련했던 것과 유사한 방식은? 그 훈련현장과 유사한 훈련방식이 지구상 어느 곳에라도 존재할까? 혹시 그런 현장과 방식이 존재한다면, 오늘 우리의 신학교와 양립할 수 있을까?

이제 우리의 여정은 종교개혁 당시로 들어서고 있다.

종교개혁자들은 어떨까? 기독교 사역자들을 훈련하던 그리스도의 방식을 알기 위해 그들이 성경을 열어보았을까? 신학교의 교육모델을 성경에서 찾아보기 위해 마음을 기울였을까?

아니라면….

요약: 바울이 그의 여덟 젊은이를 훈련한 방식이나 예수께서 열두 사람을 훈련한 방식으로 사역자를 일으키는 사람이 지구상에 존재할까? 종교개혁자들은 하나님의 부름을 받은 이들을 그 본래의 방식으로 훈련하기 위해 어떤 노력을 기울였을까?

12. 종교개혁: 개혁자들은 신학교 개념을
개혁할 생각이라도 해보았을까?

종교개혁시대는 현대 신학교의 구성 요소들을 한 층 더 복잡하게 만들어 놓았다.

이 시대는 성경의 시대이다. ("오직 성경, *sola scriptura*"이란 말은 "이제 우리는 오직 책에 의해서만 움직일 것입니다"라는 말에 불과하다.)

하나님의 사람을 훈련하는 대학의 방식은 다시 한번 구시대의 허접한 유물에 매달렸다. 종교개혁을 이끌었던 사람이 **아우구스티누스 수도회**의 수사(마르틴 루터)였음을 기억하라. 그의 정신적 유산은 아리스토텔레스-아우구스티누스-위 디오니시우스-그리고 토마스 아퀴나스의 계보를 잇고 있다.

루터가 개신교 신학의 아버지로 여겨지지만, 실제 개신교 신학의 구성요소들은 B.C. 3백 년 무렵 혼합되기 시작하여 1517년과 그 이후까지도 이런저런 요소들을 계속해서 그 안에 끌어들였다.

한 마디로 신학은 성경 구절로 뒤덮인 철학의 시녀요, 성경 구절로 그 정당성을 확보하는 철학의 아들이나 마찬가지였다.

이러한 "신학교의 교육방법"이 마침내 종교개혁시대를 맞아 그 이교도적인 성질을 벗고 기독교 고유의 훈련방식으로 돌아가게 될까?

사실 종교개혁 시대는 신학교육이 정화될 수도 있었던 마지막 기회였다. 그러나 사정은 그렇지 못했다. "진짜 가죽"이라고 선전하지만, 실제론 숱한 재료들을 혼합한 가죽제품처럼 신학은 이 시대를 맞아 더욱 복잡한 잡동사니들로 얼룩져버렸다.

지구상 첫 신학교의 출범과 그 뒤에 숨은 한편의 코미디

첫 신학교는 그야말로 한편의 코미디 영화로 만들어질 정도의 이야기를 가지고 있다.

심장박동기의 건전지를 미리 점검해두라.

벌거벗은 조각상과 지구상 첫 번째 신학교.(1550년경)

현대의 신학교와 **파리의 석고상**이 무슨 연관성이 있느냐고?

믿을 수 없는 사실을 받아들이기 위해 마음의 준비를 단단히 하라.

종교개혁이 정점으로 타오르던 1540년경의 일이다. 이탈리아교회는 북유럽 대부분 지역을 상실한 상태였다. 이제 로마는 가장 어려운 문제를 직면해야 했다. "가톨릭교회를 개혁할 것인가, 이대로 유지할 것인가?"

트렌트 종교회의

교황은 그 답을 얻기 위해 종교회의를 소집했다. 이 종교회의는 이탈리아 북쪽의 국경도시 트렌트에서 열렸다. 회의는 무려 18년 동안이나 지속하였다. 그리고 그사이 세 명의 교황이 바뀌었다.

마침내 트렌트 종교회의는 결론에 이르렀다. : 가톨릭교회의 변화를 택하지 **않기로** 했다.

결론은 그렇게 내렸지만, 트렌트 회의는 자신들이 매우 민망한 문제를 가지고 있다는 사실만큼은 인정했다. 그것은 가톨릭교회의 사제들이 너무 무지하고, 타락했고, 비도덕적이란 사실에 대한 자각이었다. 그들이 생각할 때 이 모든 문제 중 가장 심각한 것은 사제들이 글을 읽을 줄 모른다는 것이었다.[16]

종교회의는 가톨릭교회 안에 만연한 이 모든 악덕을 일으킨 원인으로 두 가지를 지목했다. 방을 가득 채운 이 학자풍의 독신 형제들은 사제들의 비도덕성과 무지를 타파할 묘책을 생각해냈다. (과연 이 암흑의 시대를 끝내고 이들은 새 시대를 맞이하게 될까?)

이들은 놀라운 통찰력으로 상황을 진단했다! 진지함과 심오함을 머금은 이 학자풍의 독신 형제들이 **모든** 비도덕성의 원인과 해결책으로 지목한 것은….

(마음을 굳게 먹고 다음 이야기를 들어라.)

유럽 전역에 퍼진 이 비도덕성의 근본 원인으로 그들이 지목한 것

---

16) 당시 대부분의 사제는 읽고 쓰는 법을 몰랐다. 그것은 수 세기 동안 이어져 온 상태로 그들 중 많은 이들이 주기도문조차 암기하지 못하고 있었다. 원래는 루터도 마찬가지였다. 비텐베르크대학에 입학하기까지 루터 역시 문맹이었다.

은 거리 곳곳에 세워진 벌거벗은 조각상이었다!

그러니 이제 어찌할 것인가?

르네상스 기간에 세워진 이 벌거벗은 조각상들의 중요한 부분을 모두 덮는 방법밖엔 없었다. 그것이 그들이 찾아낸 해결책이었다. 그렇게 하면 가톨릭 사제들 안에 만연한 악덕이 재발하지 않을 것이었다.

종교회의는 이 벌거벗은 조각상들의 중요한 부분을 가리기 위해 한 무리의 군사들을 파병했고 그들의 손에는 석고 가루 반죽이 가득한 양동이가 들려있었다! 그리고 이 남자들은 석고 반죽으로 만든 **무화과나무 잎사귀**들을 벌거벗은 석고상의 중요부위에 올려놓았다. 유럽의 박물관을 가본 적이 있는가? 그 동상들에 왜 무화과 나뭇잎이 붙어있는지 이제 당신은 이해할 것이다. 그 잎사귀들은 원래의 조각상엔 붙어있지 않던 것들이었다.

트렌트 종교회의와 무화과나무 십자군에 만세 삼창이라도 불러 올려라.

이 독신 형제들이 찾아낸 두 번째 문제점과 해결책은?

(부디 핵심을 놓치지 마시라. 지금 우리는 "신학교와 성경학교가 정말 성경적인가?" 라는 주제를 다루고 있다.)

처음부터 대학은 성직자들을 훈련하는 장소로 존재해왔다. 그러나 점차 대학은 세속적으로 물들어서 악덕의 양산지가 되었다! 만약 성직자들이 세속학교와 **분리된** 학교에 다닌다면 좀 더 도덕적인 사람이 되지 않을까! 그래서 결국, 이 트렌트 종교회의가 내린 결론은 성직자들을 좀 더 "관리하기 쉬운 장소"에 놓음으로서 그들 가운데 만연한 악덕을 줄여볼 심산이었다. (대학의 **총장**을 일컫는 chancellor란 말은 "격자창 사이로 엿보는 사람"을 의미한다. 총장의 공공연한 임무는 이곳저곳 살펴보며 돌아다니는 것이었다…!)

벌거벗은 조각상의 부끄러운 부분을 덮어줄 무화과나무 잎사귀와 세속 대학으로부터 성직자들을 분리해내어 따로 가르치는 것! 이 두 가지가 현대 신학교의 기원이었다. 이제 당신은 그 경이로운 대학으로부터 어떻게 신학교가 분리되고 본 대학과는 별도로 자리한 캠퍼스에서 신학을 공부하게 되었는지 이해할 것이다.

그리고 시간이 흐른 뒤, 신학교는 대학학위가 있어야 등록할 수 있는 곳이 되어 오늘에 이른다.[17]

여기 솔직한 답변을 요구하는 솔직한 질문이 있다. : 신학교는 과연 성경에 그 기반을 두고 있는가?

복음주의신학교, 보수주의신학교, 그리고 성경 중심적인 교육을 펼친다고 주장하는 대부분의 신학교들! 그들의 전신은 모두 로마가톨릭교회 신학교이다. 당신이 그 신학교에서 신약성서를 공부했다는 사실이 그 신학교를 성경 중심적인 훈련장소로 만들어주지는 못한다.

우리는 이보다 더 나은 어떤 것을 선택할 수 있었다!

신학교가 설립되는 그 모든 과정에 단 한 조각이라도 성경적인 고

---

17) 성경학교는 고등학교 졸업 후에도 등록할 수 있지만, 신학교는 대학 학위를 요구한다.

민은 존재하지 않았다.

우리는 지금 신학교의 뿌리를 더듬고 있다. 신학교는 오직 세속적이고 문화적인 이유에서 출발했다.

이런 사실을 알게 되었다고 해서 무슨 변화가 따를 수 있을까! 실제로 이 모든 사실을 알고 나서 충격받는 사람이라도 있을까?[18] 만약 전혀 그렇지 않다면 그 사실이야말로 가장 충격적일 수밖에 없다. 사람을 길러내는 처음의 방식과 원리, 즉 예수님과 바울의 방식으로 되돌아가려는 사람이 실제로 등장할 날이 올까?

지금까지 우리는 그리스 이교도들로부터 트렌트 종교회의에 참석한 지극히 종교적인 독신 형제들까지 만나보았다.[19]

이보다 더 안 좋은 일이 이후 또 일어날 수 있을까?

그렇다. 이보다 훨씬 더!

이제 현대로 넘어와 우리의 신학교를 살펴볼 것이다.

이야기는 "점점 더 심각해진다!"

요약: 트렌트 종교회의는 가톨릭 사제들에게 죄를 덜 짓게 만들려는 의도로 신학교를 출범시켰다. 그들이 그 회의 결과 도출한 또 하나의 결론은 벌거벗은 조각상들을 석고 반죽 잎사귀로 덮는 것이었다. 신학교는 좀 더 성경적인 뿌리에 접근하고자 고

---

18) 이 책의 목적은 그런 사람을 발견하는 것이다!

19) 나는 백여 명 이상의 교수들에게 신학교가 어디에서 비롯되었는지 직접 질문해보았으나 그들 중 한 사람도 아는 이들이 없었다. 그러나 마침내, 신학교의 배경을 듣고 나서 그 틀을 깨고 나오는 누군가를 발견했다!

안된 것이 아니다. 오히려 1) 좀 더 세상적인 방식으로 나아갔고 2) 영적인 영역에서 더욱 멀어졌다.

작가의 사견

여기서 잠깐 개인적 사견을 부언하는 것을 용서하시라. 이 책을 쓰는 지금, 이 시점까지 나는 약 서른 권 정도의 책을 저술해왔다. 그중 몇 권은 채 2만 권이 배포되지 못한 것도 있고 대부분은 5만 권 정도, 몇 권은 10만 권, 한 권은 40만 권, 그리고 또 한 권은 백만 권 이상 배포된 책도 있다. 그러나 이 책을 준비하는데 나는 40년 이상의 세월이 필요했고 21번의 교정을 보아야 했다. (내가 이 책을 얼마나 중요하게 평가하는지 당신은 알 수 있을 것이다.) 그럼에도 불구하고 나는 출판사에 이 책을 1천 5백 권만 인쇄하도록 부탁했다! 물론 나는 모든 방언과 족속들이 하나님의 부르심을 받길 소망하고 또 그들 모두가 이 책을 읽기를 바란다. 하지만 나는 현실주의자다.

이 책을 몇 명이나 읽게 될지 솔직히 나는 의문이 든다. 혹 수 세기 동안 이 책이 거듭 인쇄된다고 해도 그중에서 몇 명이 이 책의 정점에 서서 그 핵심을 취할지도 의문이다. 이 책의 정점이란 바울이 그의 젊은이들을 훈련했던 방식과 그들에게 그리스도와 교회를 심어 주던 방식, 그리고 그 방식을 통해 그리스도와 교회를 실제로 배우는 것을 말한다.

40년간의 사역과 유기적 교회의 신앙표현을 위해 일해 온 결과 나는 이제 사람들을 훈련할 1세기 교회의 모형을 간신히 소유하게 되었다. 그것은 우리가 지금 이 일의 다만 출발 선상에 서 있음을 의미한다.

이 여정을 지속할 것인가 아니면 또 다른 백 년, 어쩌면 천 년을 더 기다려야 할 것인가? 나로선 알 수 없지만, 적어도 이 책을 수천 명이 읽게 될 것이고 그중에서 한두 명, 어쩌면 세 명 정도의 용감한 영혼이 새로 펼쳐진 항로를 따라 감히 항해를 시도할 것이다. 그리고 그 사실 자체가 예수 그리스도의 사역으로 부름을 받은 남녀 일꾼들을 완전히 새로운 길로 안내하는 일의 절실한 필요를 그대로 드러내 준다.

이제 우리는 괴상한 가르침을 펴는 한 사람을 만나볼 것이다. 과연 그의 가르침에 학식이라도 있는 것인지, 아니면 **어떠한** 성경적인 기초라도 있는 것인지 우리를 어리둥절하게 만들 괴상한 가르침! 당신은 그에 대해 들어본 적이 없을지 몰라도 그는 루터, 칼뱅, 쯔빙글리, 컨트리뮤직보다도 더 영향력이 있다.

이제 우리는 학문의 시대, 성경무오설에 몰입된 베뢰아의 시대에 접어들고 있다. 우리는 의기 충만해서 이렇게 외칠 수 있다. "우리는 하나님의 말씀만 믿고 전파하며 거기에 순종할 것입니다!" 하지만 다른 한쪽에선 신학교가 조금도 변함없이 해오던 그 일을 예전의 그 방식대로 계속하고 있다. 어떻게 이 둘이 양립 가능한지 당신이 한번 설명해보라. 강대상, 이교도들의 의식(儀式)과 혼합된 관습들, 평신도석, 웅변(연설), 말을 잃어버린 평신도 등도 설명이 필요하긴 마찬가지다.

제2부 ● 현대(現代)

여기서부터는 매 장(章) 끝에
"요약" 부분이 없다. 부디 내용
모두를 읽으시라. 이제 펼쳐지
는 다음 장에선 슬피 울며 그것
을 읽으시라.

13. 결정적인 재앙

　여기서 밝히는 것들은 일종의 폭로이다. 당신이 신학교(성경학교라면 더욱더)에 등록하기 전 이 사실을 알았더라면 당신은 결코 그곳에 들어가지 않았을 것이다. 다른 한편, 당신이 성경학교에 이미 몸담았던 적이 있다면 여기서 말하는 이 정신 나간 짓들이 무엇을 말하는지 피부로 이해되기 시작할 것이다.

　신학교들이 자신을 스스로 개혁하거나 성경적 뿌리로 돌아가려고 시도했던 적이 있었던가? 당신이 이제 읽게 될 이야기는 너무 기괴해서 차라리 직면하지 않는 편이 더 지혜로울지도 모르겠다.

　하지만,

　정말 신학교에 마음이 있는 사람들은 역사 앞에 정직히 서야 하지 않겠는가? 사실 모든 신학교 학생들은 B.C. 300년-현대까지에 이르는 신학교 전체의 역사를 알아야 한다.

　여기서 말하는 것들을 다 읽고 나서 당신은 그 모든 일이 실제 일어났던 일이란 사실을 부정하고 싶을지도 모른다.

그러나 우리는 진리 앞에 겸허한 사람이다. 그렇지 않은가?

당신이 진리에 순복할 준비가 되어있다면 다음에 등장하는 내용들이 그리 낯설게 다가오지는 않을 것이다!

하나님의 부름을 받은 사람들을 교육해온 기독교 역사 가운데 가장 치명적인 참사

우리는 이제 1800년대로 들어서고 있다.

우리의 여정은 재앙의 계곡을 지나 참사의 정상으로 오르는 중이기 때문에 당신이 열여덟 살이든 여든 살이든 이 이야기들을 읽기엔 감당하기 어려울 수도 있다. 마음을 단단히 먹어라.

당신에게 이제 들려질 이야기엔 복음주의 기독교의 위대한 두 거성, 무디(D.L. Moody)와 토레이(R.A. Torrey)를 포함해 당신의 신학교 설립자들이 포함되어 있다.

이들보다 조금 먼저, 넬슨 다비(Nelson Darby)를 만나보자. 다비는 현대 근본주의자들의 아버지다. 다비와 함께 '스코필드 관주성경'도 함께 언급되겠지만 그것이 핵심은 아니다. 다비는 복음주의 기독교가 기독교계의 주류가 되는데 필요한 해괴한 사상들을 공급한 사람이다. 무대 옆에 대기하는 두 사람(무디와 토레이)과 함께 우리는 이제 등골이 오싹한 역사 한복판으로 진입할 것이다. 복음주의 기독교가 모든 신학교를 잃어버리던 그 날, 그리고 … 그 충격으로 비극이 시작되던 그 날!

신학교를 상실하게 된 자초지종과
그것을 대신하기 위해 저질렀던 일들

1800년대 중반은 복음주의 기독교에 대혼란이 찾아왔던 시대이다. 당시 기독교는 신학교뿐만 아니라 대부분의 기독교 대학들을 잃어버릴 위기에 놓였다. 록펠러(John D. Rockefeller)와 뉴욕의 리버사이드(Riverside)침례교회 목사[1]가 그 주범이나 다름없다. 이 두 사람과 아이비리그[2] 대학의 이사였던 몇몇 재력가들은 자신들의 영향력 아래 운영되는 이 대학들이 "지적인 기독교 시대(enlightened religion)[3]"를 맞이하길 원했다. 이 대학들은 설립 당시, 모두 기독교 대학들이었다.

여기 그 자초지종이 있다.

1800년대 말, 복음주의는 복음주의 기독교 목사들을 훈련하던 모든 교육기관들을 **빼앗겼다.**[4]

좀 더 거슬러 올라가 설명하자면, 존 하버드(John Harvard) 목사가 침례교 목사들을 길러내기 위해 메사추세츠 케임브리지에 대학을 세우는데 그것이 바로 하버드대학교이다. 이 학교는 "그리스도와 교회를 위하여"를 학교 설립의 신조로 삼았다. 그렇게 시작된 하버드 대학교가 어느 날, 모더니즘에 **빠졌다.** 다른 신학교들은? 예일, 다

---

1) 이후 '침례교회'가 아닌 그냥 리버사이드 교회가 됨
2) 미 북동부에 위치한 8개의 명문사립대학, 즉 하버드, 펜실베이니아, 예일, 프린스턴, 컬럼비아, 브라운, 다트머스, 코넬대학을 통틀어 이르는 말. 역주
3) 자유주의 신학을 의미함. 역주.
4) 프린스턴 신학교는 논쟁의 여지가 있다.

트머스, 앰허스트 등 … 이 학교들 모두 목사가 될 사람들을 훈련할 목적으로 출발한 기독교 대학들이었지만 하버드대학을 뒤따라 모더니즘에 **빠졌다**. 복음주의 기독교 입장에선 모든 복음주의 신학교들을 하루아침에 도난당한 것이나 마찬가지였다. 자유주의 신학이 이 모두를 삼켜버린 것이다!

이제 복음주의 목사들은 어디서 훈련받는단 말인가?

이때 무디(D.L. Moody)가 그 해결책을 손에 들고 등장했다.

무디의 해결책이란, "이제 기독교 대학들과 신학교는 잊어버려라! 성경학교로 다시 시작하자." … 바로 이것이었다. 무디는 시카고에 무디성경연구소를 세웠다. 이 새로운 발명품(성경학교)의 핵심 커리큘럼은 **빼앗긴** 신학교와 똑같았다.. 유일한 차이가 있다면 무디의 성경학교는 대학 졸업장이 없어도 갈 수 있었다. 고등학교 졸업장이 입학조건이었다.

아! 다비즘(Darbyism)에 **빠지다**

불행하게도, 이 절체절명의 순간에 매우 신선하고 인기 있는, 하지만 지극히 편향된 한 사람의 성경해석이 사람들의 마음을 파고들었다. 이 새로운 가르침은 본래 영국 본토에서 건너왔지만 빠르게 북미로 퍼져나갔다. 그 주인공은 다비(John Nelson Darby)라고 불리는 전(前) 영국성공회 사제였다.

다비는 지금까지 등장한 인물 중 그 누구보다도 크고 깊은 영향력을 우리에게 끼친 사람 중 하나이다.

무디가 '무디성경학교'를 세웠을 때 그는 다비의 가르침에 경도된 열렬한 다비신봉자였다. 자연히 다비의 가르침이 무디성경학교에 **통째로** 흘러 들어갔다.

이때 등장한 스코필드 관주성경(Scofield Bible) 역시 바로 이 다비즘을 지원하였다. 스코필드 관주성경은 성경본문 옆의 여백에 다비의 가르침과 해석을 각주로 첨부하여 성경을 읽는 사람들에게 부지불식간 다비의 가르침을 성경 말씀의 일부로 인식하게 만들었다. 다비의 가르침과 하나님의 말씀이 동등한 위치를 확보한 것이다!

무디가 세운 성경학교는 이후 세워지는 모든 성경학교의 모델이 되었고 자동적으로 그 학교들은 다비와 스코필드 성경에 첨부된 각주를 그 주된 가르침으로 삼았다. 이후 다비의 교훈은 유럽에서, 그리고 다른 모든 대륙에서, 심지어 캄보디아와 뉴기니아 정글에 세워지는 **모든** 성경학교들 가운데도 독보적인 자리를 차지하게 되었다.

오늘날 대부분의 성경학교들이 펼치는 교육의 날줄과 씨줄은 다름 아닌 다비의 가르침이다.

다비가 펼쳤던 가르침 중 일부가 **세대주의 신학**(성경에서 발견되는 일곱 시대, 일곱 체제)이다. 세대주의 신학은 신약성경을 해석하는 방식에 엄청난 영향을 미쳤을 뿐 아니라 교회 역사(어디에서나 무작정 일곱…일곱…일곱)를 이해하는 방식에조차 믿을 수 없을 만큼의 영향을 주었다.

다비는 이 **일곱**이라는 숫자를 사용하여, 성경을 일곱 시대(세대)로 나눈 후, 교회 역사도 그와 같이 일곱 시대(세대)가 존재한다고 가르쳤다. 그렇게 해서 19세기 동안의 교회 역사 전체가 의당 일곱 세대라는 전제를 두고 재해석되기 시작했다.

이것은 참으로 슬픈 일이다.

왜?

하나님의 목적상실

존 다비(종종 '운명신학'의 아버지로도 언급되는!)는 교회의 일곱 번째 시대(곧 오늘 우리의 시대, 즉 라오디게아 시대)를 배교자들의 시대라고 주장했다. 그에 따르면 당신과 내가 사는 이 시대는 심각하게 타락한 결과 구속될 수 없는 시대이다. 당신이 좋든 싫든, 하나님께선 우리가 사는 이 시대의 교회와 절교하셨다! 즉 하나님께서는 오늘 우리의 교회와 아무런 상관이 없으시고 결과적으로 우린 첫 세기 방식의 교회로 돌아갈 약간의 가능성조차 상실한 셈이다!

(하나님은 **우리의** 촛대를 옮기셨고 우리시대의 교회(우리)를 그분의 입에서 토해내셨다. 그러므로 그리스도의 몸으로서 교회가 갖는 모든 의미 역시 끝나버렸다.) 한 마디로, 어떤 새로운 시도도 무의미하다; 하나님께서 "교회"라는 개념을 끝내셨기 때문이다. 여기서 하나님의 **영원한** 목적-교회-이 다비에 의해 죽임당한다. 다비가 말한 핵심은 결국, 교회가 무슨 몸부림을 치든 의미 없다는 것이다. 이것을 분명히 알라: 당신이 **어떤** 성경학교나 신학교를 선택하든 결국, 이 다비식(式)의 세대주의를 배울 것이다. 라오디게아의 운명론이 당신에게 찾아온다. 모든 성경학교 학생들이 실제로 세대주의자

라는 사실에 나는 깜짝 놀란다. 이 가르침은 가정 성경모임(Home Bible Classes)의 주요 내용이기도 하다.

그렇다면 우리의 선택은? 다비가 가르친 **모든 것**을 차라리 인정해버리는 것이 나을까? 그의 가르침이 어디서나 '바른 성경해석'으로 인정된다는 이유로?

성경학교에서 훈련받은 거의 모든 사람이 다비가 가르쳤던 방식으로 성경을 보고 있다. 어떤 면에서 그의 가르침은 거의 신격화된 지경에 이르렀다. 아니면 최소한 성자의 가르침 정도로는 여겨진다. 즉, 성경에 대한 다비의 관점이 **곧** 하나님의 말씀이다. 세대주의가 곧 성경이다! 지복천년[5]과 환난 전 휴거설, 그리고 일곱 세대설을 부인하면 당신은 정통을 벗어난 사람으로 여겨진다. **다비**의 신학과 **성경학교**의 가르침(신학)은 불가분의 관계에 있다! 다비가 곧 신약성경이다!

성경공부에 그치는 정도가 아니다

다비의 영향력은 무디성경학교에 그치지 않는다. 그 훨씬 이상이다. 그것은 전(全)방위적으로 당신과 나에게 스며든다. 그가 영향력을 미친 것은 단지 우리의 기독교교육 분야만이 아니다. 가정 성경모임(home Bible Classes)은 성경공부 모임이라기보다는 "다비 말씀모임"이다.

---

5) 예수님 재림후의 천년왕국. 역주

역사상 최대의 가정성경공부

다비즘(Darbyism)은 미국 전역에 성경학교가 부흥한 시대(1880-1940)뿐 아니라 지상 최대 규모의 가정성경공부 운동이 일어난 시대(Home Bible Class movement, 1880-1910)와 맞물려 그 확실한 뿌리를 내렸다. 가정 성경모임에서 가르쳤던 대부분은 성경이라기보다는 다비의 가르침이었다. 그것은 오늘날에도 마찬가지다. 가정 성경모임에서 언급되는 성경 구절들을 함께 모아 한 줄로 연결하면 그것은 곧 다비의 교훈이 된다.6)

성경을 가르치는 이들은 이와 같은 사실을 알고 있을까? 그렇지 않다. 그들은 그때나 지금이나 자신들이 다비를 가르치고 있다는 사실조차 모르고 있다. 그들은 신약성경을 가르치고 있다고 믿는다. 대부분의 가정 성경모임 교사들은 다비라는 사람의 이름조차 들어본 적이 없다. 그럼에도 그들은 다비의 열렬한 제자들이다. 그것은 **선교단체**들 역시 다를 바 없다.

어디서도 신약성경의 전경(全景)을 펼쳐놓거나 가르치는 예는 없다. 만약 가정 성경모임이 실제로 신약성경을 가르쳤더라면(예를 들어, 그리스도 중심성이나 실제 에클레시아의 모습들!) 복음주의 관습들은 종말을 고했을 것이다.(물론 다비의 입장에선 이미 교회가 끝장났기에 그런 요소들이 중요하지도 않겠지만.) 사람이 그러한 성경공부모임에서 배웠던 교훈들은 그들의 심장 가운데 **여전히** 남아있

---

6) 가정 성경모임을 구성했던 요소들은 그것이 정착된 이후 지금까지 변한 부분이 없다. 심각한 결핍을 가진 상태로!

지만, 역으로 신약성경의 핵심요소들은 **여전히** 간과되고 있다.

성경 **구절**을 뽑아내 그것을 다비 식(式)으로 해석하는 경향은 너무 깊게 사람들 가운데 스며들어 많은 목사, 교수들, 성경교사들과 학자들 역시 '성경 말씀'과 그것에 대한 '다비의 해석' 차이를 더는 구분할 수 없는 지경에 이르렀다.

성경공부 운동은 곧 그 운동에 기초한 교회를 낳았고, 성경학교는 곧 신학교가 되었다

1800년대 말의 성경공부모임(Bible Classes)들은 이후 교회로 발전했다! 이 교회들은 모두 다비즘(Darbyism)을 가르쳤다. 그리고 초기의 성경학교 중 많은 학교는 시간이 지나 신학교로 발전했다! 다비와 성경학교의 관계는 이때쯤 이미 불가분의 관계에 있었다.

그럴 리가! 수천의 성경학교와 수십의 신학교들이 한꺼번에 잘못된 길로 들어섰다고? 그게 가능한 일인가?

결코, 이 사실을 간과하지 말라: 다비는 당신이 성경을 사고(思考)하는 방식 그 자체에 영향력을 행사해왔다. 우리 **모두**가 그 영향력 아래 있다.

순전한 하나님의 말씀

다비와 그 동료들은 탐구적 성향의 그리스도인들이 매력을 느낄 만한 표어들을 생각해냈다. 다음과 같은 말들이 그것이다.

"우리는 성경, 오직 성경을 공부합니다." 사실이 아니다.

"우리는 성경 말씀에 다른 요소를 부연(敷衍)하지 않습니다." 사실이 아니다.

"우리는 사람의 말에 영향받지 않습니다. 오직 하나님의 말씀만 신뢰합니다." 사실이 아니다.

"우리는 오직 순전한 하나님의 말씀만 가르칩니다." 사실이 아니다.

이런 말들은 다비형제단이 주로 사용하는 주문 외에 다른 어떤 것도 아니다.[7] 그런데도 이 말들은 여전히 사람들 사이에 신봉된다. 그리고 그 말들은 원래 속에 품고 있던 그 목적을 성취했다.… 곧 사람을 끌어들이는 것!

그들이 말하는 "순전한 하나님의 말씀"이란 성경 말씀을 의미하는 것이 절대 아니다. 다만 다비가 해석을 덧붙인 그 성경 구절들을 한 줄로 연결한 **다비의 신학**에 불과하다. 이것은 순전한 하나님의 말씀이 될 수 없다.

그 외에도 다비와 그의 동료들은 또 다른 자원들을 끌어오는데….

더 심각한 결과

"성경의 기적은 그 시대에 국한된다."라는 말을 들어본 적이 있는가? "사도들의 시대는 끝났다."라는 말은?

그것이 바로 다비의 세대주의(世代主義, dispensationalism)이다.

---

7) 플리머스 형제단은 주로 존 다비에 의해 경도된 단체이다.

성경의 시대를 분배해버린! 다비에 의하면 신약성경시대에 일어났던 일들은 오늘 우리에게 별 의미도, 관계도 없다!

독자들이여, 여기서 끝이 아니다. 이제 여러분들은 "교회는 끝났다"는 가르침에 못지않은 또 하나의 주장을 만나야 한다.

14. 교회는 끝났다. 그 교회를 믿던 사람들도 끝났다. 다비 덕분에!

이미 언급했듯이, 다비는 기독교 역사를 일곱 시대(세대)로 구분한 후 신약성경의 내용들을 그 각각의 시대(세대)속에 밀어 넣었다. 그리고 그렇게 일정한 시대 속에 배치된 그 일들은 그 시대와 관련된 일일 뿐 오늘 우리와는 관련이 없다고 주장하였다. 그중에서도 교회를 일정한 시대 속에 밀어 넣고 오늘 우리와의 관계를 차단한 것은 최악의 부분이 아닐 수 없다!

우리는 다비가 분류한 일곱 시대 중 가장 어두운 시대를 지금 지나는 중이다.

다비에 따르면, 신약성경의 사도들, 신약성경의 기적들, 그리고 신약성경에 나오는 교회들은 모두 그 시대에 국한된다. 사도들이 그저 그 시대의 인물인 것처럼, 신약성경의 교회들 역시 우리에게 별 의미가 **없다!** 당연히 그 교회들은 앞으로도 회복되지 않을 것이다! 당신이 '환난 전 휴거설'과 '천년왕국설'을 신봉하는 순전한 세대주의자라면, 사도들, 기적들, 그리고 교회를 바라보는 당신의 견해는 어쩔 수 없이 존 다비의 입장을 따를 수밖에 없다. 오늘날의 교회가 라오디게아교회의 운명을 지니고 있으며 아무런 희망도 없는 존재로 배워왔다면, 그리고 1세기 교회의 삶과 믿음의 방식들이 더는 가능하지 않은 것으로 배워왔다면, 더욱 하나님께서 정녕 교회를 뱉어내셨다고 믿고 있다면 당신이 인정하든 안 하든 당신은 다비의 추종자이다!

우리는 위험지대에서 절망의 땅으로 넘어왔다

만약 이쯤에서 끝났다면 우리가 다비의 영향력에서 벗어날 길이 있었을지도 모른다. 하지만 교회 역사에 대한 다비의 해석은 교회에 대한 우리의 일말의 희망마저도 무너뜨림으로써 교회를 일으키려는 사람이 다시는 무대에 등장할 수조차 없게 만들었다. 현재 내가 알고 있는 유일한 **교회개척자들**은 제도권 밖에서 헌신하는 사람들뿐이다. 역설적으로 그들 모두는-전부 합해봐야 한 손으로 셀 수 있는!-다비에게 깊이 경도된 사람이었다. 하지만 '라오디게아 영역'을 벗어난 후 그들은 이제 교회를 일으켜 세우는 일에 헌신하고 있다.

우리는 갈 곳이 없다

비극적인 것은, 우리 신앙의 중심에 서야 할 그 교회를 다비의 신학이 제거해버렸다는 사실이다. 다가올 시대에 소망이란 없으며 교회의 존재란 무의미한 것이 되어버렸다. 그 다비의 신학은 교회를 현실 밖의 영역으로 추방해버렸다.

성경학교와 신학교 졸업생들은 성경에 열중하지만 더는 교회의 회복에 마음을 태우지는 않는다.

다비는 우리가 무엇을 해야 할지 말해주는 걸 잊어버렸다

"희망이 사라진 교회"를 가르치는 신학이 뿌리를 잡은 지 이제 150년이 지났다. 그 슬픈 결말은? 누구도 우리의 믿음에서 교회가 중심이라고 말하지 않는다. 로마가톨릭 외에는!! 간혹 에클레시아를 말하는 사람이 있지만 실제로 말 잔치에 지나지 않는다.

다비의 주장처럼 교회가 더는 의미 없고 배교자들의 모임일 뿐이라면 그 교회를 버리고 우리는 무얼 해야 한단 말인가? 다비는 그것을 우리에게 말해준 적이 없다!

많은 사람은 그 해답을 찾기 위해 기발한 발상을 해낸다. 특히 복음주의 기독교는 이런 방면에 풍성한 아이디어를 가지고 있다. 그들은 매주 몇몇 성경 구절들을 뽑아내 그것을 한 줄로 엮은 다음 거기에 자신들의 상상력을 덧붙여 매주 …시대(세대) 속으로 들어갈지 고민하고 있다.

선교단체

예수께서 오실 때까지 우리는 이 가련한 교회 안에서 대체 무엇을 해야 한단 말인가? 사람이 알고 있는 것은 오직 이것뿐이다. : "그저 듣기 좋은 말만 하라, 그러면 골치 아픈 핵심을 비껴갈 수 있다." 우리는 교회가 맞이한 운명, 즉 하나님의 입에서 내쳐진 바로 그 시대의 운명에 처해 있다.

그렇다면 다비의 추종자들은 이 답을 가지고 있을까? 물론 그들은 기발한 답을 찾았다. 그것은 바로 **채플**(chapel)을 세우는 일이다. 그 채플에서 무엇을 할 것인가? 교회가 이미 회복 불가능한 시대에 접어들었으므로 이 플리머스 형제단은 거기서 다비의 가르침을 연구하기로 했다! 교회가 차지할 신앙의 중심성을 다비의 교훈으로 대신한 것이다.

오직 순수한 하나님의 말씀만 가르친다고 선언한 이 형제들이 성경에도 없는 채플을 고안해냈다고? 그렇다면 세상의 종말이 오기까지 채플이 대안?

교회를 위해서라면 싸울 수도 있었고 죽을 수도 있었던 1세기 사람들, 그리고 교회의 회복을 위해서라면 분연히 떨쳐 일어나 죽음을 마다하지 않았던 왈도파(Waldensians) 같은 이들은 이제 교회 역사의 한 페이지 속으로 사라져버렸다.

그리고 그 대신에 등장한 것은….

느닷없이 선교단체들이 신약성경에 등장하다!

선교단체들이 신약성경을 토대로 세워졌다는 주장을 우리는 어렵지 않게 접할 수 있다.

그리고 잠재력을 가진 일꾼들은 바로 이 선교단체와 여타의 조직들에 속해 훈련을 받아야 할 것 같은 분위기가 조성되어 있다.

하나님의 사람을 길러낼 생각으로 우리가 택한 신학교는 결국, 교회를 사랑하지 않았다. 교회란 그저 다음 주 오전 11시에 전개될 한 시간 동안의 무엇이 되어버렸다!

그러자 느닷없이 선교단체가 등장했고 어느 날 갑자기 신약성경에 존재하는 조직으로 부상되었다. 그리고 믿음을 행동으로 옮기려는 이들이나 비전을 품고 새로운 운동을 전개하려는 이들은 의당 선교단체에 들어가 도전의 삶을 살아야 할 것 같은 분위기가 형성되었다!

그렇다면 교회의 존재는? 교회는 돌아오는 주일 오전에 견뎌내야 할 한 시간 동안의 지루한 무언가일 뿐이다.

그럼에도 우리에겐 하나의 재앙이 더 남아있다!

더구나 이 재앙은 다른 모든 요소를 무색하게 할 만큼 강력하다.

하나님 말씀에 폭격을 가한 것은 모더니스트(modernist)들이 아니었다. 정작 그 장본인은….

우리의 마지막 재앙

하나님의 말씀에 폭격을 가한 것은

모더니스트(modernist)들이 아니었다.

하나님 말씀의 왜곡!

정작 그것이 우리에게 임한 마지막 재앙이다.

그런데, 다비가 그 짓을 했다!

15. 하나님의 말씀을 왜곡하는 다비의 미친 신학

"온전한 것이 올 때는"

맹세코, 우리가 청산해야 할 다비의 두 가지 가르침이 존재한다!

하나는, 다비의 교회론이다.

그의 교회론(교회에 대한 다비의 연구)은 우리에게 독(毒) 그 자체이다. 그것은 에클레시아의 생명을 제거해버린다. 그의 교회론이 우리에게 남긴 것은 '교회생활의 무의미' 뿐이다.

우리가 반드시 청산해야 할 다비의 두 번째 유산은 그가 저지른 성경 말씀의 왜곡이다. 이 부분은 너무나 어처구니없어 그야말로 쓴웃음을 짓지 않을 수 없다. 그것은 고린도전서 13장 10절과 직접적인 관련이 있다.

"온전한 것이 올 때에는…."

여기서 말하는 이 "온전한 것"을 다비는 **신약성경**이라고 해석한다. 이 세상에 온전한 것은 오직 신약성경뿐이라고 그는 주장한다. 그 외에 다른 온전함이란 존재하지 않는다. 모든 불완전한 것들은 과거의 시대에 속해 지나가버렸지만, 이제는 "온전한 신약성경"이 그 모든 불완전한 것들을 대신하게 되었다고 믿는다.

그러므로 우리가 할 수 있는 한 가지는 그 "성경을 읽는 것"이라고 그는 가르친다. 성경은 그 자체로 완전할 뿐 아니라 당신의 모든 결핍을 채울 수 있기 때문이다. **지나간 시대의 모든 것들은 불완전했다!** ⋯ 바로 이것이 다비의 주장이다. 그런데 대체 지나간 시대의 무엇이 불완전했다는 말인가? 그것이 우리를 경악케 한다.

다비의 이 가르침을 깊이 새겨보라.

그리스도, 아버지 하나님, 성령님, 우리 안에 내주하시는 주님 등⋯ 이 모든 지식을 오직 신약성경을 읽음으로 획득할 수 있다는 말이다. (이것이 무엇을 의미하는지 알겠는가!)

다비의 가르침은 바로 이것이다: 우리 안에 주님께서 내주하시는 유일한 증거는 신약성경이 우리에게 그 사실을 말해주기 때문이다. 그 외에 주님께서 당신 안에 내주하신다는 다른 증거는 없다! 당신이 성경에서 읽은 것 외엔 어떤 것도 믿을 것이 못 된다. 당신이 당신 안에 내주하시는 주님과 교제함으로 경험되는 모든 증거는 과거 시대에 속한 불완전한 것들이다.[8]

이상한 가르침은 여기서 끝나지 않는다. : 오늘날 지구가 소유한 유일무이한 온전함은 신약성경뿐, 그 외에 다른 어떤 온전함도 없다. 그러니 오직 성경 위에 당신의 믿음을 두라. 당신이 믿을 대상은 다

---

[8] 이 말은 언뜻 성경 말씀만을 순전히 신뢰하는 경건한 태도로 보이지만, 실제론 우리와 우리 안에 내주하시는 그분과의 일상적이고 실제적인 교제, 그리고 그로 인해 주어지는 생생하고 풍성한 경험들을 모두 '온전치 못한 것' 또는 과거에 속한 '저급한 증거'로 보는 것이다. 한마디로 주님과 우리의 실제적인 교제를 불가능한 것으로 여기는 것이다. 성경이 그렇다고 말하니 그런 줄로 믿고 그저 건조한 신앙생활을 견디라는 윽박지름에 가까운 가르침이다. 역주.

른 어떤 것도 아니다. (하나님, 그리스도, 성령까지도!)

(당신이 무슨 말을 하든, 무엇을 믿든 당신은 그것을 뒷받침할 성경 구절을 신약성경에서 확보해야 한다.)

성경학교 학생들이여, 여러분이 지금 무엇을 배우고 있는지 알겠는가?

성령의 인도하심이란 존재하지 않는다는 가르침이 지금 당신에게 주어지는 중이다. 주님의 인도하심이란 당신이 읽고 깨닫는 성경 구절 외엔 없다는 말이다. 그것은 오직 성경 안에만 있기에 신약성경과 그 신약성경을 읽고 이해하는 당신의 두뇌만 적법할 뿐, 그 밖에 다른 모든 것은 위험한 것이다. 당신에게 주님의 인도하심이 필요한가? 그렇다면 성령을 구해선 안 된다. 당신이 무엇을 해야 할지 신약성경 안에서 찾아내야 한다. 그것을 성경 구절로 확인할 수 있을 때까지 성경을 들여다보라. 다른 어떤 것도 의지하지 말라. 오직 성경을 읽으라.

이 가르침에 대한 다비의 입장은 너무나 확고해서 신약성경으로 하나님을 대체할 지경에 이르렀다. 성령, 교회, 내주하시는 주님을 포함, 그 밖에 다른 모든 것들은 오직 한 가지 사실 앞에 순복해야 한다.: 신약성경을 읽고 해석하는 것! 9)

---

9) 신약성경에 접근하는 이 다비의 견해가 결국은 개인적 신앙으로 귀착될 수밖에 없음을 주목하라. 공동체를 이뤄 주님을 따르는 에클레시아의 삶은 그에게 있어 모두 과거 시대의 '온전치 못한 것'에 해당한다. 왜 그런가? 지금 (라오디게아의 시대)은 교회가 아무 의미 없는 곳이 되어버렸기 때문이다. 그러니 개인적 차원에서 믿음의 삶이 충족되어야 한다. 자연히 한 '몸'을 이루는 교회의 본성은 배척될 수밖에 없다!

신약성경만이 유일하게 온전한가? 그렇다면 우리가 성령의 인도하심을 따르는 것은 잘못된 것인가? 나는 하나님께서도 완전하고 그분의 독생자도, 그리고 성령님의 인도도 완전하다고 생각한다.

다비에게 하고 싶은 말

다비 선생, 당신은 결코 문맥을 중시해본 적이 없소. 아니 그런 것이 존재한다는 사실조차 당신은 생각해본 적이 없을 거요.

여기 움직일 수 없는 역사적 증거가 있소. 바울이 고린도전서 13장을 쓰고 있을 당시(A.D. 57년), 신약성경이라곤 갈라디아서, 데살로니가전후서가 유일했소. 고린도후서조차도 기록되지 않았을 때요. 왜냐면 당시 바울이 고린도전서를 쓰고 있는 중이었으니! 이 외의 신약성경들은 A.D. 90년도까지도 "온전히" 갖춰지지 않았소. 그렇다면 90년도까지의 하나님 백성들은 온전치 못한 일을 한 것이오? 역사는 좀처럼 당신을 지지하지 않소. 당신과 당신의 희한한 신학이론 둘 다! 사람이 "온전한" 신약성경을 접할 수 있었던 것이 대략 A.D. 340년에야 가능했던 일이고 하나님의 백성들이 신약성경을 자신들의 신앙생활에 실제로 활용하기 시작한 것이 1804년이요. 다시 말하면, 성직자가 아닌 보통 사람들은 1804년까지 신약성경을 자유로이 활용할 수조차 없었소. 신약성경은 327년부터 1520년까지 오직 한 가지 언어, 즉 사어(死語)로 존재했소. 사람이 읽을 수 있는 언어로 번역되어 나온 것이 1520년경이요. 그마저도 대부분 영어로 번역되었고, 실제 존재했던 신약성경 복사본들은 부피가 너무 커서 그것을 소유하려면 거의 대형 가구처럼 집안에 들여놓아야 했소.

다비 선생, 당신의 가르침과 교회론이 역사적으로 지지받을 수 없는 이유가 바로 이것이오.

다비 선생, 우리가 하나님께 다가가는 모든 길을 차단하고 오직 그 골목에 신약성경을 가져다 놓은 당신의 교리는 단 한 가지 사실에 사활을 걸고 있소. : 다름 아닌 "글을 읽을 수 있느냐, 없느냐!" 그렇다면 문맹으로 이 땅을 살다 간 사람들은 하나님의 구원에서 제외된 사람이오?

그리스도인이 되기에 필요한 지적인 기준을 오직 글을 읽을 수 있느냐 없느냐에 두는 당신의 가르침은 극단적인 운명론이오. 그것은 인류가 걸어온 문맹의 역사에 대한 당신의 무지를 그대로 드러내는 것이오. 1900년도까지 얼마나 많은 문맹자가 이 땅을 살다 갔을지 당신은 생각조차 안 한 것이오.

'개인' 인가 '몸' 인가

다비 선생, 당신은 우리 모두가 개인적인 그리스도인의 삶을 영위해야 한다고 믿고 있소. 그 결과 우리는 '몸' 없는 그리스도인, 즉 교회 없는 그리스도인의 삶을 살고 있소.

글을 읽고 쓰는 능력에 사활이 걸려있다.
모든 그리스도인은 읽고 쓸 줄 알아야 한다

이보시오, 다비 선생. 당신의 가르침이 무엇을 의미하는지는 알고 있소? 그것은 그리스도인이 되기 위해선 글을 읽고 쓸 능력을 갖춰야 한다는 말에 불과하오. 읽고 쓰는 능력은 1800년대 영국에서조차 절대 정착되지 않았다는 사실을 당신은 몰랐을 것이오.

지구상 5분의 2는 여전히 문맹이다

이 지구상의 5분의 2는 지금까지도 여전히 글을 읽고 쓸 능력이 없는 사람이고 이 5분의 2에 속한 사람 중 수많은 이들이 신실한 그리스도인으로 살아가고 있다는 사실을 떠올려보시오.

성경의 문맥이나 역사적 사실에 비춰볼 때, 다비 선생, 당신의 고집은 더는 지지받을 근거가 없소! 당신은 절대로 문맥 안에서 사고해본 적이 없을 것이고 "전체 그림"을 그려본 적도 없을 거요. 당신이 신약성경을 적용하는 방식은 일차원적이오. 받아들이기 씁쓸하겠지만 여기 움직일 수 없는 사실이 있소. 사람이 신앙생활을 위해 손쉽게 성경을 접할 수 있었던 것이 1804년, 영국성서협회가 발족하였을 무렵이오. 그때조차도 성경은 너무 비싸서 일반인들이 접근하기 쉽지 않았소. 1860년대에 이르러서야 성경이 대중화되었소. 바로 신약성경 킹 제임스 버전(King James Version)이 그것이오.

다비 선생, 당신은 글을 읽고 쓸 능력을 모든 사람의 절대 필수조건으로 상정했소. 그렇지만 A.D. 1년-A.D. 700년까지의 문맹률은 98%에 육박했소. 그것에 관해 설명해보시오, 다비 선생. 당신이 주장하는 "온전한 것이 올 때"는 1880년에 이르러서야 적용될 수 있는 해석이오. 그것도 서양에서만!

다시 말하면, 신약성경은 초기 기독교 신앙 이후 1600년 동안 거의 활용할 수조차 없었고 1800년대에 이르러서야 그럭저럭 대중화되어 사람이 접할 수 있었소. (그렇다면 그 이전 사람들, 특히 서양 밖의 지역에서 살다간 그리스도인들은 모두 온전치 못한 그리스도인의 삶을 살았다는 의미가 된다. 역주.)

하나님이 우리에게 1800년대까지 봉인된 책을 주셨다고?

하나님이 우리에게 1800년대까지 봉인된 신약성경을 주셨다고? 그리고 그 신약성경의 봉인이 풀리는 바로 그 순간, 우리가 회복 불가능한 라오디게아교회 시대에 접어들었다고? 다비 선생, 당신은 "온전한 때"를 맞이한 그 순간에 교회의 운명을 끝장낼 판이오?! "온전한 때"에 대한 당신의 가르침은 1800년대 초기에야 퍼지기 시작했소. 그런데 그 똑같은 시간대를 두고 당신은 하나님께서 교회를 내치셨다고 말하고 있소. 당신은 계시록에 나오는 단 한 구절의 말씀과 고린도전서의 한 구절을 왜곡, 인용하여 당신의 가르침을 펼치고 있소. 다비 선생, 당신은 살아계신 하나님을 아는 지식과 당신이 주장하는 그 "온전한 시대"를 맞바꿈으로써 결국, 우리에게 생명 없는 하나님을 물려주었소.

교회의 생명이 본질에서 끝났으니 우리가 할 일은 예수께서 오실 때까지 성경이나 읽고 있어야 한다고? 편리하긴 하지만 그건 정말 받아들일 수 없소, 다비 선생.

그렇다면, 다비를 벗어날 방법은?

당신은 믿을 수 없겠지만 수많은 다비 추종자들은 하나님께서 나폴레옹의 시대까지 성경을 인봉해 두셨기 때문에 제대로 해석할 수 없었다고 주장한다.

"온전한 것"에 대한 확고한 신념을 가진 한 학자의 말을 인용해보자: "글을 읽고 쓸 능력이 불과 최근까지도 넓게 확산되지 못할 것을 하나님께서는 알고 계셨다. 그래서 하나님께서는 지난 모든 세기 동안 그 "온전한 것"을 숨길 수밖에 없었다. 인쇄술의 개발로 대부분의 사람이 글을 읽을 수 있게 될 그날을 기다리시며!"

이것 보시라! 당신이 다비의 입장을 끝까지 고수할 수밖에 없는 곤란한 처지라면 차라리 "학문", "학자" 그리고 "성경의 권위"라는 말이라도 평생 언급치 마시라.

하지만, 1세기 스타일의 교회생활과 관련한 그리스도인의 삶으로 당신이 부름을 받았다면 한 개인의 영적경건을 위한 도구로 성경을 해석하지는 마시라. 교회생활이란 결국, 그리스도인의 공동체적 삶으로 귀결되기 때문이다. 그리스도의 몸을 이루는 공동체적 삶은 하나님께서 "뱉어내신 교회" 안에선 불가능한 삶이다.

핵심은 이것이다. : 1세기에 사용된 신앙용어들의 진정한 개념을 알고 싶은가! 그 이전에 먼저 신학교 안에서 자리 잡은 사고방식들이 철거되어야 한다.

이제 역사 속의 한 부분이 아닌 당신의 삶을 고민해보자.

당신의 선택은 당신이 받은 부르심의 깊이에
달려있다. 그 부르심이 정말 깊다면
당신은 엄청난 갈등에 빠질 수밖에 없다.
사실, 이제 당신이 읽게 될 내용을 내어놓기가
나는 두렵다.

우리 집안의 가족력에 광기를 지녔던 사람은 없었다.

그러나

나는 이제 미쳤다는 소리를 들을 각오로

신약성경을 연구하는 방식에

분명한 의문을 던진다.

16. 신약성경을 읽는 훨씬 더 좋은 방식

신학교에 다니고 있을 때, 나는 바울의 편지들을 그 기록된 순서대로 읽어보기 시작했다. 신약성경 속에서 그의 편지들은 뒤죽박죽 배열되어 있기 때문이다.

그 이후, 나는 바울 서신과 관련한 역사적 자료들을 수집하는데 나의 한평생을 보냈다. 사십 년이 지난 지금, 이 편지들은 더는 내게 일차원적인 정보가 아니라 입체적으로 살아 숨 쉬며 다가오는 한 편의 서사시이다.

시대, 날자, 장소, 로마제국 안에서 일어난 사건들이 편지 속의 "입체 음향"으로 작용한다.

바울서신이 "평면적이고 일차원적"으로 한 편씩 읽히는 관습은 중단되어야 한다. 그 편지들 본래의 색과 입체성이 복원될 필요가 있다. 이러한 입장에서, 나는 신학교를 고민하는 젊은이들에게 다음과 같은 신학 성경연구와 관련한 문제들을 공유하고 싶다.

당신이 품어야 할 의문들

* 선사시대(pre-history)로부터, 중세 기독교 시대 내내, 그리고 현대에 이르기까지의 전체 문맹률은 약 98-99%를 유지해왔다. 하나님께서 과연 글을 읽을 줄 아는 몇몇 사람들만 합당한 그리스도인으로 여길 셈이셨을까?

* 성경을 **읽기 시작**한 것이 **영국 사람**이란 사실을 당신은 인식하고 있는가? 즉, 영국인들과 독일인들이 성경읽기를 선도했다는 말이다. 그렇다면 지난 1800년 동안 지구상의 다른 모든 민족들에 속한 문맹자들을 위해 하나님께서 아무런 대책도 세우지 않으셨을까?

* 하나님의 심중에는 영어를 모르는 사람이 없었던 것일까? 그들은 어떻게 하나님을 알아야 했을까?

* 다소의 바울이 "온전한 것이 올 때"라는 말을 편지에 쓸 당시, 단 네 권의 서신서와 한 권의 복음서가 존재했다. 나머지 신약성경은 A.D. 57-90년 사이에 기록되었다. 그때조차도 신약성경은 그 완전한 실체를 드러내지 못했다. 그렇다면 A.D. 30-90년 사이의 하나님백성들과 교회가 했던 일은 무엇이란 말인가?

* 당신은 첫 신약성경이 어떤 형태로 존재했는지 알고 있는가? 그것들은 340년 경까지 통권(通卷)으로 존재하지 않았다. 단지 몇 권

의 복사본들만 회람(回覽)될 뿐이었다. 그렇다면 A.D. 30년-**성경통권**(성경전체)이 존재할 시점까지(당시로써는 엄청난 노력과 자원이 필요한 일이었음!) 모든 그리스도인은 불완전한 무언가를 했다는 말인가? 콘스탄티누스가 제국 안의 영향력 있는 교회들에 성경을 한 권씩 나눠줄 요량으로 복사본을 펴내도록 조치했을 때, 그 숫자가 총 50권이었다.

* 400년경, 교회가 라틴어로만 성경을 편찬하도록 권장했다는 사실을 당신은 알고 있는가? 이 조치는 실제로 1500년대 중반[10]까지도 유효하였다. (다시 한번 말하지만, 성경인쇄는 대부분 영국과 독일에서만 이뤄졌다.)

* 600년 이후 상황에서, 당신이라면 라틴어로 신약성경을 읽을 수 있었겠는가? 라틴어 이외의 언어로 된 신약성경을 읽으면 죽음의 위험을 무릅써야 했다. 더 불행한 것은, 그 라틴어가 700년쯤 사어(死語)가 되었다는 사실이다. 이 말이 무엇을 의미하는지 알겠는가? 모든 성경이 라틴어로 되어있는데 그 라틴어를 아는 사람이 없었다는 말이다! 이쯤 되면 다비의 교리, 즉 **"온전한 것"**이 위태로워 보이지 않는가?

---

10) 1382년, 영국 전체에 약 200본의 신약성경(위클리프와 롤라드에 의해 편찬된)이 있었다.

* 크레이그(Dr. Craig Lampe)박사의 추정으로는, 암흑의 시대 (the dark Ages)와 중세에 접어들어, 한 세대(世代)당 불과 수십 명 남짓의 사제들만 성경을 읽을 수 있었다.

* 당신은 영어로 된 신약성경을 대중적으로 소유하게 된 때가 1800년대에 이르러서야 가능했다는 사실을 알고 있는가?[11] 1801년, 성경은 무려 3.5달러에 팔렸다. 45센트에 성경을 살 수 있었던 것은 1840년대에 이르러서야 가능했다. 사정이 그러한데도 당신은 신약성경을 읽는 것만이 그리스도 안에서 성장하는 유일한 방식인 것처럼 배워왔다. 1800년대 이전에 살았던 사람들의 공백을 당신은 무엇으로 메꿀 것인가?!

* 그 "온전한 것"에 대한 교리가 1840년까지는 전파되지도 않았다는 사실을 당신은 알고 있는가? 즉 "온전한 것"을 가르치기 전, 그 "온전한 것"이 존재한 기간은 불과 36년 정도였다. 그것도 단지 영국에서만!

* 우리의 교회 역사가 이 해괴한 가르침의 정체를 당신에게 드러낸 적이 있는가?

* "온전한 것"이 온 이후, 한 질(帙)의 신약성경이 있었다면 그 "온전

11) 하멜, Christopher De Hamel의 성경의 역사, The History of the Bible 210쪽을 보라.

한 것"을 손으로 복사하는 데 1년이 걸렸을 것이다. 그리고 그 도시에서 가장 부유한 사람들만 그것을 살 수 있었다.

이러한 사실로 미루어볼 때, 고린도전서 13장에 언급된 이 "온전한 것"이 정말 성경을 의미하는 것이라고 당신은 믿을 수 있겠는가? 그리고 그 성경을 읽는 것만이 믿음의 길로 나아가는 길이고 지도자가 되는 방법이며 신앙의 성숙을 가져오는 유일한 방식이라고 믿을 수 있는가?

당신이 신학교에서 정작 배우고 싶은 것이 이러한 교훈과 이것을 적용하는 방식인가?

우리가 청산해야 할 사안이 하나 더 남아있다. 하지만 미리 경고한다. 그것은 당신에게 매우 신성한 것이다.

17. 교회의 심오한 계시를 죽인 부흥신학

　다비의 가르침과 더불어 부흥신학은 교회와 그녀(교회)의 본래 목적에 죽음을 선고하는 데 크게 일조하였다.

　부흥신학은 무디(Dwight L. Moody)가 우리에게 가져온 직접적인 선물이었고 그것은 곧 지구상에 존재하는 모든 교회에 **치명적인 타격**을 가하였다.

　부흥신학이란 무엇인가?

　부흥신학은 신약성경을 대하는 무디의 견해를 그대로 반영한다. 에클레시아를 **제거**한 신약성경이 바로 이 부흥신학으로부터 흘러나왔다.

　억지로 갖다 붙인 낭설로 들리는가? 다비와 무디! 이 두 사람이 세상의 모든 신학교를 조합해냈다는 사실을 잊지 말라.

　무디는 복음전도자이다. 그의 관심은 오직 한 가지에 있었다. 영혼구원! 그에게 있어 영혼 구원이란 그의 모든 것이나 다름없었다. 영혼구원이 그의 유일한 메시지였다. '무디성경연구소'를 설립하면서 D. L. 무디는 다음 네 음절로 묘사되는 신학을 개발해냈다. 그에게 있어 이 네 음절은 신약성경이 가르치는 모든 것이었다.

구원 받았으면

다른 사람을 구원하라!

이것이 부흥신학이다.

신약성경을 이런 관점으로 보기 때문에 부흥신학은 결국, 두 가지를 말할 수밖에 없다. "구원 받아라. 구원시켜라."

다시 말하면, 무디의 신약성경에는 '교회'가 존재하지 않는다. 단지 복음만 존재할 뿐.

여기서 우리는 우리의 **사고방식**이 하는 일을 다시 한번 물끄러미 지켜보게 된다. 신약성경을 열고 그 안으로 들어가지만 실제로 그 안에 존재하지도 않는 온갖 종류의 것들을 억지로 창조해내는 놀라운 능력! 이제 우리는 사고방식이 지닌 그 능력에 한 가지 능력을 더 추가할 수 있다. 신약성경 한 구절마다, 그리고 거기 등장하는 모든 사건, 모든 비유, 모든 단어를 통해 오직 두 가지의 포인트를 뽑아내는 능력, 곧

구원받으라.

구원시켜라.

그 외엔 다른 아무것도 눈에 들어오지 않는 부흥신학 한복판에 우리가 존재하고 있다.

그 결과로 우리가 얻게 된 것은? 교회를 강조하거나 전혀 언급하지 않고도 신약성경을 연구하는 일이 가능해졌다. 그것도 신학교와 성경학교에서!

이것은 매우 보편적인 사실이고 주일 아침 예배에서도 그대로 반

영되는 실상이다. 예배당의 평신도석에 앉아 당신이 듣게 될 설교의 핵심은 다음 두 가지일 것이다.

구원받으라.

구원시켜라.

가정성경공부나 라디오 복음방송, 텔레비전 프로그램, 녹음테이프, 비디오, MP3, 이동전화 등에서도 상황은 마찬가지다. 신약성경 사복음서나 모든 서신서 역시 오직 이 두 가지를 말하는 것처럼 보인다.

구원받으라.

구원시켜라.

교회개척자(Church Men)가 눈에 보이지 않는다

부흥신학은 역사의 모든 페이지에서 교회개척자를 지워버렸다.12) 교회개척자가 사라졌으니 복음주의 기독교 관습에 의미 있는 변화를 가져올 사람을 기대할 수 없게 되었다. 급진적인 변화, 개혁, 교회개척자, 원형을 회복하려는 사람이 없는 것도 이상한 일이 아니다. 한 마디 덧붙이자면, 만약 교회개척자(church men)가 돌아올 경우, 기독교의 토대는 흔들릴 것이다.

---

12) 여기서 말하는 교회개척자는 오늘날 우리가 생각하는 그런 교회개척자가 아니다. 교회를 세운 후 에클레시아 자체에 그 교회의 운명을 맡기고 떠나는 순회교회 개척자−itinerant church planter−를 가리킨다. 바울이 한 교회를 개척한 후 아무런 리더십도 세우지 않고 그 교회를 떠나 다른 교회로 발길을 옮겼던 것처럼! 역주.

교회개척자? 교회? 수도 없이 존재하지 않느냐고?

아마 그렇지 않을 것이다.

당신이 교회"빌딩"에 앉아있을 수는 있다. 하지만 당신이 그곳에서 듣게 될 메시지는 하나님께서 "교회"에 두신 비전이 아닐 것이다. 그 대신 부흥신학을 듣고 있다는 표현이 더 적절할 것이다.

개인 경건을 추구하는 복음

부흥신학의 의붓자식이 있다. : 바로 개인 경건의 복음! 왜 아니겠는가? 공동체적인 삶, 즉 '교회'에 집중하지 않는데 모든 흐름이 개인 경건으로 치닫는 것은 당연한 일이다. 한 몸으로써 그리스도를 좇는 삶은 존재하지 않는다. 현재 우리가 가진 복음이 가르치는 것은 한 개인의 경건 이외엔 어떤 것도 아니다. 교회를 제거한 신약성경 연구가 빚은 자연스러운 결과물이다.

오늘날 당신이 듣는 것은 결코 몸(공동체)을 이루는 믿음의 삶도, 한 몸으로 그리스도를 추구하는 삶도 아니다.

당신이 듣는 것은 '교회'가 다음 두 가지를 위한 '도구'여야 한다는 메시지이다.

구원받으라.

구원시켜라.

우리는 현재 3가지 자산을 가지고 있다. 1) 교회 없는 신약성경, 2) 교회 없는 복음(심지어 교회 안에서 신약성경을 배울 때조차도!) 3) 개인 경건을 좇는 신앙이 결국은 파산할 수밖에 없다는 그 평범한 진리조차 상실한 사고력(思考力).

만약 한 몸으로써 그리스도를 좇는 믿음의 삶이 재발견될 수만 있다면 그리스도인의 기능이 다시 **작동**하는 것을 우리는 보게 될 것이다. 그리고 그것은 말로 표현할 수 없는 기쁨을 우리에게 선사할 것이다.

부다페스트에서의 컨퍼런스

나는 헝가리 부다페스트에서 열리는 **세계복음화 정상회의**(The World Summit of World Evangelism)에 참여하고 있었다. 전 세계의 지도자들이 모인 가운데 일주일 동안이나 계속되는 이 컨퍼런스 내내, 나는 단 한 번도 교회에 대한 언급을 듣지 못했다. 이것을 생각해 보라 : 세계복음화를 논하는 이 컨퍼런스에 교회가 없다는 사실!

오늘날 우리 젊은이는 꽉 막힌 강의실에서, 강연, 철학, 추정, 그리고 소스라칠 정도의 논리적 비약을 서슴지 않는 교수들에 의해 훈련을 받고 있다. 이 같은 상황을 염두에 두며 이제 이 책의 핵심부로 함께 들어가 보자.

우리는 지금까지 신학교의 훈련방식을 자세히 살펴보았다. 그렇다면 바울은 어떻게 젊은이들을 훈련했을까?

제3부
바울은 어떻게 젊은이들을 가르쳤을까

이제 당신이 읽게 될 내용은
지금까지 전혀 알려지지 않은 이야기들이다.
왜?

그 대답은 간단하다.

다음 두 가지 비밀이 이 이야기들을 가능케 한다.

1. 바울의 편지를 그 기록된 순서대로 배치해보라.

2. 그렇게 배치된 편지에 시차(時差, 시간)를 부여해보라.

그러면 거기서 이 이야기가 흘러나올 것이다.[1]

즐거운 시간되시길.

---

[1] 이 부분을 집중적으로 다룬 저자의 책 −『유기적 성경공부』, 대장간역간−을 참고하라. 역주

1세기 교회개척자들을 일으켜 세웠던 훈련방식은
2세기 접어들어 사라져버렸다.
그 대신 신학교 스타일의 훈련방식이 그 자리를 대신했다.
우리는 역사상 처음으로, 1세기에 바울이 젊은이들을
훈련했던 그 장소를 찾아가 볼 것이다.
동시에 그 장소는 결국, 우리가 돌아가야 할 바로
그 지점이기도 하다.
오늘날의 신학교육이 이에 당황하며 뒤로 물러설
그 날이 속히 오기를!

18. 여덟 명의 젊은이들

예수께서 열두 젊은이들을 훈련했다는 사실을 우리는 잘 알고 있다. 그들은 약 3년 동안 그분과 함께 지내며 함께 여행했고 그분 밑에서 직접 훈련받았다. 그런데 바울이 **여덟** 젊은이를 훈련했다는 사실에 대해서도 알고 있는가? 바울에게도 그와 함께 지내며 함께 여행하고 그가 직접 훈련한 여덟 젊은이가 있었다.

바울이 그들을 훈련했던 방식은 예수께서 그분의 제자들을 훈련했던 방식과 뚜렷하게 닮았다. 안타깝지만, 신약성경을 평면적이고 일차원적으로 접근해서는 이 여덟 젊은이가 전면에 드러나지 않는다. 현재 신약성경에 배열된 순서대로 바울서신들을 읽으면 바울이 그의 젊은이들을 훈련한 방식이나 그에 의해 훈련받은 여덟 젊은이들의 존재가 좀처럼 당신의 눈에 들어오지 않을 것이다. 바울의 편지들은 그가 그것을 기록했던 순서대로 다시 배열되어야 한다. 그렇게 될 때 이 여덟 젊은이는 느닷없이 신약성경 여기저기서 튀어나와 한편의 이야기를 형성할 것이다. 그리고 당신은 성경 어디서나 그들의 움직임을 볼 수 있게 된다!

이제 당신이 읽게 될 내용은 모든 사람을 위한 글은 **아니다**. 아직도 대부분의 사람들은 신학교의 훈련방식을 포기할 준비가 되어있지 않을뿐더러 그렇게 하지도 않을 것이기에 우리는 조심스럽게 이 부분에 접근해야 한다. 하나님의 사람들을 훈련했던 1세기 방식과 오늘날의 방식은 서로 양립될 수 없는 배타성을 지니고 있다.

여덟 젊은이와의 만남

이제 바울에 의해 훈련받았던 여덟 젊은이를 만나보자 : 디도, 디모데, 가이우스, 아리스다고, 세군도, 소바더, 두기고, 그리고 드라비모.[2) 이 여덟 젊은이들의 이름정도야 당신도 들어본 적이 있겠지만 이들의 존재와 역할이 입체적으로 눈에 들어오진 않았을 것이다. 바울의 편지를 기록된 순서대로 읽는 것과 거기에 배경을 부여하는 작업은 그래서 필요하다.

이 젊은이들이 왜?

예수께서는 열두 사람을 훈련하셨다. 이들은 모두 유대인이었다. 이방인들과 이교도들에 대한 열정을 품고 그들에게 그리스도를 전하는 것은 이들의 임무가 아니었다. 그것은 그 일을 위해 준비된 한 사람, 곧 하나님의 섬광에 맞아 쓰러진 한 유대인의 몫이었다. 하나님께선 이방인들의 세계에 교회를 일으켜 세울 **이방인 사역자들**이 필요했다. 그 이방인 사역자들을 이 땅에 일으켜 세우는 일이 바로

---

2) 이후 에바브라가 이 여덟 가운데 결합할 것이다. 그의 이름은 소아시아에선 에바브라, 그리스에선 에바브라디도로 불렸다.

이 독특한 유대인에게 주어진 사명이었다.

예수 그리스도의 이름이 전혀 전해지지 않은 곳에 그분을 전하러 나섰던 사람들은 바로 이 유대인에 의해 훈련받은 여덟 젊은이였다. 당신도 성경을 읽으면서 어디선가 이들의 이름을 읽고 지나갔을 것이다. 하지만 현재 신약성경에 배열된 순서대로 바울 서신을 읽는 한 이 젊은이들이 뚜렷이 다가오지는 않는다. 신약성경을 **연대순**으로 놓고 그 역사적 배경, 시대, 날자, 장소, 그리고 사도행전의 병행구절들을 적용할 때 이 여덟 젊은이는 전적으로 우리의 시선을 사로잡는다. 이 젊은이들이 무대 전면으로 걸어 나와 그 중심에 서는 것도 바로 그때이다.

만약 당신이 유대인이 아니라면, 즉 이방인이라면 이들은 당신의 구원역사에도 핵심역할을 한 셈이다. 기독교 역사를 거꾸로 추적해 나가다 보면 바로 이 사람이 이방인인 **우리**에게 그리스도를 모셔오는 모습이 당신의 눈에 띌 것이다. 결과적으로 이방인인 우리는 주님의 열두 사도들을 만나기에 **앞서** 먼저 이 여덟 사람을 만나게 되는 셈이다. 그렇다. 이 젊은이는 열두 사도들 이후에 부름을 받았지만, 그 사도들과 동시대의 사람이다. 그리스도를 유럽과 소아시아에 전파한 사람들도 바로 이들이다. 우리가 이 사람들을 만날 때, 이들에 의해 세워진 교회들이 가지고 있는 **이방인다운 믿음의 방식(표현)**들을 보게 될 것을 기대하라.

예수님의 열두 사람들은 예수님과 함께 있었다. 그러나 이 여덟 사람은 예수님을 만난 적이 없다. 이들은 예수님이 승천하신 **이후의**

사람이다. 이 사실이 의미하는 것은? 예수께서 승천하신 **이후의** 젊은이들이 어떻게 훈련받았는지를 우리가 보게 될 것을 의미한다! 동시에, 오늘날 하나님의 사람이 어떻게 훈련받아야 할지를 이 여덟 젊은이를 통해 보게 될 것을 의미하는 것이기도 하다.

에베소

부름 받기 이전에 이 각각의 젊은이들이 몸담았던 교회는? 바울에게 훈련받기 위해 에베소로 모여들 때 이들이 갖추었던 자격은? 에베소로 집결한 것은 언제? 에베소에 오기 전, 이들 각자가 자신들의 교회를 섬긴 기간은?

그들은 자신들이 성장했던 교회에서 무엇을 경험했을까(핍박 포함)? 각 사람이 가진 개인적 배경과 문화는? 그들이 구사했던 언어는? 왜 하필 에베소로 집결했을까?

다시 한번 말하지만, 성경 '**구절**'을 파고드는 성경공부로 이런 질문들의 답을 얻을 수 있겠는가? 아니 오늘 우리의 성경공부 가운데 이런 질문들이 제기된 적이라도 있는가? 하지만 연대기적인 배경과 이야기3)가 만나면 이런 질문들에 대한 대답이 저절로 솟아 나온다.

---

3) 여기서의 "이야기"란 성경 구절과 상반되는 개념으로 신약성경 전체 사건들이 그 일어난 순서대로 한 편의 스토리 가운데 유기적으로 녹아든 것을 의미한다. 이 분야에 대한 저자의 탁월한 연구, 『유기적 성경공부』(대장간 역간)을 참고하라. 역주.

이제 우리에게 가장 중요한 믿음의 문제 중 하나에 직면해보자.

주님께서는 더는 육체로 이 땅 가운데 거하지 않으신다.

그렇다면 그분의 백성들은 어떻게 훈련받아야 하나?

신학교? 그건 확실히 아니다.

그것은 우리의 이성을 대놓고 무시하는 처사이다.

(신약성경에 오늘날의 신학교 방식을 지지하는 근거가 전혀 없다

는 사실을 차치하고서라도!)

우리는 그 대답을 바울이라고 불리는 1세기

교회개척자의 삶에서 찾을 수 있다.

바울의 사역자 훈련방식이 우리에겐 북극성이 되어준다.

(그의 방식은 인위적으로 만들어낸 신학교보다 훨씬

선재(先在)한다. 그 둘 사이엔 어떤 유사성도 존재하지 않는다.)

바울에게 훈련받았던 젊은이는 그에게 훈련받기 위해 어떤 자격을 갖추었을까? 바울이 이 젊은이들을 주목했던 이유는 무엇이었을까?

대부분의 복음주의신학교에 입학하려면 사람들은 담임목사의 추천서를 받아야 한다. 예수님의 열두 제자나 바울의 여덟 젊은이는 그렇게 하지 않았다. 이 사람이 갖춘 자격은 오늘날 하나님의 사람들을 훈련하는 어떤 방식의 개념과도 일치되지 않는다.

이 여덟 젊은이는 에베소에 들어와 거의 3년 동안 거기 머물렀다. 하지만 그것은 이들의 훈련이 시작된 시점이 아니었다. 이들의 훈련은 에베소에 도착하기 이전, 그들 각자의 교회생활에서 이미 시작되고 있었다. 여덟 젊은이는 에베소 문턱을 넘기 **이전**에 이미 훈련받기에 필요한 결정적인 자격을 각자의 체험으로 가지고 있었다.

19. 1세기 스타일의 자격조건

여덟 젊은이는 에베소에 도착하기도 전에 이미 교회생활을 경험하고 있었다. 얼마간의 교회생활을 경험하는 것, 그것이 정말로 중요하다.

'매일' 교회생활을 경험하며 산다는 것, 그것 자체가 훈련인 동시에 사역자로 훈련받기 위해 갖춰야 할 자격이었다. 이것이 1세기에 훈련받던 젊은이들에게 요구되는 자격 그 **자체**였다!

부르심?

이 각각의 젊은이들이 하나님의 부르심을 받았을까? 놀랍게도 우리는 그 사실을 장담할 수 없다. 디모데 외에는! 그렇다면 나머지는? 실제로 부름을 받았을 수도 있고 아니면 그리스도의 사랑과 교회의 요청에 어쩔 수 없이 응답했을지도 모른다.

자신이 몸담은 교회공동체에 의한 검증

그들 각자가 속한 지역 모임은 이 젊은이들을 샅샅이 알고 있었다. 그리고 그들이 이 젊은이들을 검증해주었다. 그때야 이들은 짐을

싸고 고향을 떠나 소아시아로 향하였다.

누가 그들을 훈련했을까

한 늙은 교회개척자, 곧 숱한 세월, 교회생활을 몸으로 겪은 한 교회개척자가 그들을 훈련했다. 바울은 오늘날 하나님의 부름을 받은 사람이 훈련받는 그 방식으로 그들을 훈련하지 않았다. (설교학 101호, 조직신학 102호 … 등)

훈련이 끝난 후

우리가 평상시 거의 고려하지 않는 영역이 있다. 훈련을 마친 후에 이들은 무엇을 했을까?

여덟 명의 젊은이는 훈련받은 이후에 무엇을 했나

이들이 훈련 후에 했던 일들은 실제로 훈련생활의 **연장선**에 있었다. 3년 동안 훈련받던 에베소를 떠나며 그것으로 끝이 아니었다. 그렇다면 이들이 했던 일은 구체적으로 무엇이었을까? 그에 대한 대답이 바로 우리 안에서 **회복되어야** 할 내용에 포함된다. 그 답을 찾으라. 그러면 당신은 그리스도 안에서 훈련받는 목적, 사역자가 되거나 동역자가 된다는 것의 의미, 심지어 제자가 된다는 것의 의미와 목적까지도 알게 될 것이다!

당신은 하나님의 부르심을 받았는가? 그리스도와 교회의 계시에 의해 이끌려왔는가? 당신의 현 상태를 뛰어넘어 영적인 삶을 살고자

하는 절실함이 있는가?

당신 자신이 **무엇을** 위해 부름을 받았는지는 알고 있는가? 오늘
날 하나님의 부름을 받은 이들이 그분의 사역을 위해 훈련받는 방식
은 전적으로 그 부르심에 적합하지 않다! 단도직입적으로 목사직에
대한 현대의 관습은 신약성경을 벗어나 있다. 그것은 신약성경의 작
품이 아니라 종교개혁 기간에 고안해낸 창조물이다. (우리 정직할 필
요가 있지 않은가!)

사람을 훈련하는 1세기의 방식이 존재한다. 그리고 그 방식은 주
님의 부르심에 매우 적합하였다. 그 이야기4)가 전개될 때 입체적으
로 다가올 그 훈련방식은 실로 우리를 경이로움 가운데 초청할 것이
다. 그것은 실제로 하나님만이 고안해내실 수 있는 그런 종류의 훈련
방식이었다.

---

4) 여기서의 "이야기"란 성경 구절과 상반되는 개념으로 신약성경 전체사건들이 그 일어
난 순서대로 한 편의 스토리 가운데 유기적으로 녹아든 것을 의미한다. 역주.

바울에게 훈련받았던 이 젊은이들에 대해 좀 더 알아볼 필요가 있다. 그 첫 번째 사람과 함께 이 여정을 시작해보자. 그를 만나되 입체적으로 만나볼 생각이다. (참고로, 그의 삼촌-형제였을 수도 있지만-은 조카인 그를 별로 좋아하지 않았던 것 같다.)

20. 자격을 갖춘 첫 번째 인물, 디도

그의 이름은 디도이다. 그는 이야기 속에서 디모데 보다 먼저 등장한다.5) 그의 집은 시리아의 수도 … 안디옥에 있다. 디도는 그리스인이다. 백퍼센트 헬라화 된 그리스인. 그가 속한 문화 역시 그리스적이고 그에게 익숙한 신(神) 역시 그리스 신이다. 그가 구사하는 언어도 그리스어이다. 그의 머리 모양 역시 그리스풍이고 그에게 익숙한 교육풍토도 그리스적이다. 디도는 어쩔 수 없이 이방인이다!!

디도를 좀 더 알기 위해 그의 나이를 가늠해보자. 등장인물들의 나이를 가늠해보는 것은 이야기 속 시간의 흐름을 감지하는 데 많은 도움이 된다. (실제로 우리가 그의 나이를 정확하게 알 수는 없다. 하지만 나이를 추정해봄으로써 그가 이후 40년 동안을 어떻게 보내는지 우리는 입체적으로 이해하게 된다.6) 만약 당신이 다른 측정 기준을 가지고 있다면 당신의 기준을 적용하시라.)

디도는 어떤 자격을 갖추고 있었기에 에베소로 불려와 훈련받게

---

5) 디모데는 약 48년도에 등장하지만, 디도는 무려 43년도에 등장한다.

6) 오순절 성령강림이 있었던 그 날, 디도의 나이를 4살로 추정한다면 길리기아에 은둔해있던 바울이 바나바의 권면으로 안디옥교회에 도착했던 43/44년 당시, 디도의 나이는 17/18살의 청년이었을 것이다

되었을까? 그리고 어떻게 훈련받았을까? 디도라는 인물, 한 개인을 보기보다 디도가 몸담았던 교회라는 배경을 두고 이 질문을 던질 때 우리는 참으로 혁신적이고 아름다운 답과 마주하게 된다!

디도가 성장했던 안디옥교회가 세워질 당시, 거기에 바나바가 있었던 것은 주지의 사실이다. 적어도 안디옥교회의 초기성장에 그가 지대한 공헌을 했음은 분명하다! 그리고 그때 그 에클레시아에 할례 받지 않은 젊은이, 디도가 있었다! (그에게 정말 의학을 공부하던 형제, 또는 삼촌이 있었던 것일까? 그것이 사실이라면, 의사의 길을 걷다가 이후 작가로 변신하는 그의 삼촌은 조카인 디도를 그다지 좋아하지 않았던 것 같다. 그리고 우리는 그 이유를 나름 짐작할 수 있다.7)

만약 당신에게 선택의 기회가 주어진다면, 디도가 받았던 그 실제적인 훈련을 택하겠는가, 아니면 신학교에 등록하겠는가?

43년도의 디도

43년, 디도는 17살이었다. 안디옥교회가 태어나던 그 현장을 디도가 목격했다는 사실을 꼭 기억하라. 그 교회가 "시작될 때부터" 그는 거기 있었다. 안디옥교회에 모여든 사람이 교회생활(공동체적인

---

7) 저자는 지금 누가복음과 사도행전을 기록한 의사 누가를 말하고 있다. 그가 조카인 디도를 실제로 싫어했다는 의미가 아니다. 바울서신에서는 중요한 역할로 등장하는 디도가 똑같은 배경에서 기록된 누가의 문서들엔 그 역할이 축소되거나 아예 이름조차 거론되지 않는 이유를 설명하는 것이다. 삼촌의 입장에서 나이 어린 조카, 누가의 역할을 공식문서에서 자세히 소개하기란 아무래도 부담이 되었을 거란 의미이다. 역주.

삶)을 시작했을 때, 그리고 이후 그 교회가 경험하는 **매일 매일의 사건과 모험** 속에 디도가 포함되어 있었다.

당신이 그동안 사도행전을 읽으며 눈여겨보았던 것이 무엇인지 모르지만 누가가 사도행전에 기록해놓은 그 모든 일을 디도는 직접 몸으로 겪었다! 디도는 **교회생활**이라 불리는 바로 그것, 즉 매일매일 에클레시아 안에서 일어나는 그 일들 가운데 깊이 개입되어 있었다. (여기서 교회생활이라는 용어가 담고 있는 의미는 오늘날 우리가 경험하는 그 전통적인 방식의 교회생활을 말하는 것이 당연히 **아니다**.)

이후, 디도가 에베소에서 훈련받기에 필요한 자격조건들이 바로 여기 안디옥교회에서 갖춰진다. 당신이 앞서 경험하지 못한 어떤 것을 당신은 절대 다른 사람들에게 나눠줄 수 없다. 상당한 기간, 교회 생활을 경험하는 것은 그래서 다른 어떤 자격보다 **우선한다**. 디도는 **교회생활** 가운데 직접 겪었던 그 자신의 경험을 가지고 있었다. 그는 그것을 얻기 위해 글을 읽지 않았다. 에클레시아 안에서 자신이 직접 그 경험들을 얻었다!

이후 전개될 디도의 놀라운 여정은 바로 여기, 안디옥교회가 그 출발점이었다. 사도행전에 나오는 모든 일을 주목해보라. 교회생활이란 바로 그 모든 일을 직접 경험하는 것이다!

안디옥교회가 세워지던 초기, 디도는 바나바의 발밑에 앉아 오순절 성령강림으로 에클레시아가 시작되던 그날의 놀라운 일들과 예루살렘교회의 경이로운 경험들에 대해 들었다. 우리가 오늘 사도행전 1장 1절-13장 1절에서 보는 그 모든 일을 디도는 바나바의 입을 통해 직접 들었다.

안디옥에 에클레시아가 처음 시작될 때, 디도는 하나의 교회가 세워져 가는 그 과정을 바나바 뒤에서 직접 목격하였다. 디도는 열두 사도를 알고 있는 그 사람(바나바)을 알고 있었다. (디도는 이후 사도들을 직접 만나기도 한다.) 17살의 청년에게 주어졌던 이 놀라운 배경을 보라! 이것이 주의 일꾼으로 훈련받는 그 자리에 나아갈 사람들의 자격조건이다!

이방인 그리스도인 디도, 그는 바나바가 바울을 데리고 안디옥교회에 왔을 때도 그 현장에 있었다. 한 때 교회 핍박에 앞장섰던 바울의 전력을 염두에 둔다면 당시 안디옥교회로선 매우 중요한 순간을 맞이하고 있었다. 디도는 43년-47년을 바나바와 바울 곁에 바짝 붙어 지냈다. 그는 또한 니게르(Niger)라 불리는 시몬도 알고 있었다. 구레네 사람 루기오와 마나엔도 알고 있었다. 성령께서 바울과 바나바를 따로 세운 후 그들을 이방인에게 보내라고 말씀하시던 순간에도, 그리고 그 음성을 직접 들었던 다섯 사람의 기도모임에 대해서도 디도는 잘 알고 있었다. 바울과 바나바가 구브로(Cyprus)를 거쳐 갈라디아 땅으로 들어가기 전, 안디옥을 출발(47년)하는 그 현장에도 디도가 있었다. 이후 2년 동안의 교회 개척 여정을 마친 바나바와 바울이 고향 안디옥교회로 돌아와(49년) 그동안 하나님께서 행하신 놀라운 일들과 갈라디아 땅에 세워진 네 개의 이방인교회에 대해 보고하는 현장에도 디도가 귀를 기울이고 있었다. 두 사람(바울과 바나바)의 보고는 실로 놀라운 이야기가 아닐 수 없었다. 디도는 주님께서 어떻게 이방인들에게 문을 열어 놓으셨는지, 두 사람이 겪었던 소름 돋을 만큼의 열악한 여행조건, 그리고 채찍과 돌이 날아오는 상황에 처한다는 것이 무엇인지, 주님의 일꾼들이 거듭되는 거절을 경험한다는 것이 무엇을 의미하는지도 알게 되었다.

그는 두 이방인 사도(바울과 바나바)와 동행했던 요한 마가가 밤빌리아에서 고향 예루살렘으로 돌아가 버린 이야기도 전해 들었다. 두 사람이 보고를 마친 후 오래지 않아, 아! 주님의 수제자 베드로가 안디옥교회를 방문하였다(50년). 그리고 얼마 안 있어, 예루살렘교회의 바리새파 그리스도인들이 안디옥교회를 방문해 디도와 다른 모든 이방인 신자들에게 할례를 요구하며 모세의 법에 따를 것을 종용하였다. 안디옥교회는 온통 소란과 혼란의 소용돌이 가운데 빠졌고 그 한복판에서 디도는 이 모든 상황을 직접 목격하고 경험하였다.

바울이 안디옥교회 전체 그리스도인들 앞에서 … 베드로를 책망하는 그 현장에도 이 이방인 젊은이, 디도가 움츠리고 있었다. 이 모든 경험들이 디도가 에베소에서 훈련받기 **이전에** 이미 거기 안디옥에서 직접 보고 겪었던 일들이다. 그리고 이 경험들은 이후 에베소에서 펼쳐질 그 훈련의 사전훈련과도 같은 것이었다! (교회생활이란 바로 이 격렬한 현장에 서는 것이다!)

예루살렘에서 열리는 지구상 첫 교회 공의회에 **자신**이 안디옥교회 대표로 선출되었다는 사실을 알았을 때 누구라도 그렇듯이 디도는 흥분을 감추지 못했다.8) 그는 바울, 바나바와 함께 이제 열두 사

---

8) 바울은 그 결정이 계시에 의한 것이었다고 말했다. 갈라디아서 2:2. 역주.

도들을 만나 예루살렘 율법주의자들에 의해 야기된 안디옥교회의 문제를 다룰 터였다. 예루살렘교회를 방문한 디도는, 예수 그리스도에 의해서만 구원을 받는 것인지, 아니면 플러스알파가 필요한 것인지 … 당시 교회가 맞이한 가장 심각한 의제의 참고인으로 거기 참여하였다. 한눈에 드러나는 이방인의 외모로 예루살렘공의회에 참석한 이 할례 받지 않은 그리스 청년은 거기서 주님의 열두 제자, 그리고 요한 마가와 직면했다. 디도는 동족(同族)이 맞이한 현안을 부여잡고 씨름하며 함께 해결해나가고 있었다. 디도와 그의 동족을 어떻게 칼로 자르듯 나눌 수 있겠는가?!

바리새인들과 직면한 바울과 바나바가 율법 문제에 있어서만큼은 한 치의 양보도 없이 그들과 맞서는 장면을 디도는 바로 옆에서 지켜보고 있었다. 마침내 결론을 내린 예루살렘공의회가 안디옥으로 보낼 편지를 작성하기 위해 야고보와 베드로의 구술을 받아쓰고 있을 때, 디도는 숨도 제대로 쉬지 못했을 것이 틀림없다. 열두 사도, 그다음에 예루살렘 장로들, 그다음에 실라, 그리고는 바울과 바나바가 차례로 그 편지에 서명하는 것을 어안이 벙벙하여 지켜보던 디도의 심장은 거의 멎는 것 같았을 것이다(50년). 그리고 마침내 자신이 그 편지에 서명할 차례가 되어 붓을 넘겨받았을 때 기절할 듯 정신이 혼미했을 디도의 모습을 나는 어렵지 않게 그려볼 수 있다. (아마 나였어도 그랬을 것이다.)

디도는 안디옥으로 돌아왔다. 돌아오는 길에, 나이가 비슷한 요한 마가와 사이가 더욱 돈독해졌을 것이다! (베드로가 "내 아들"이라 부르던 그 요한 마가가 아닌가!) 돌아오는 내내 수많은 질문을 마가에게 퍼부었을 디도의 모습이 그려진다. 디도보다 조금 더 연장자였던 마가는 일행 중에 그래도 가장 어렸던 사람이고 무엇보다 주님의 모습과 음성을 직접 보고 들었던 사람이니 디도로서는 얼마나 궁금한 것이 많았겠는가! 마가는 야고보의 죽음에 대해서도, 베드로가 감옥에서 기적적으로 풀려난 일도, 그리고 바울의 첫 교회개척 여정에 대해서도 깊이 알고 있었다.

("마가 형제님, 지금 제게 들려준 이야기들을 모두 글로 적어 보면 어때요?!" … 이렇게 재촉했을 디도의 모습이 그려지지 않는가!)

이후 디도는 바로 이 요한 마가를 사이에 두고 심각한 불화를 겪는 바울과 바나바의 갈등도 목격하게 된다. 이런 것들이야말로 실제 교회생활을 통해서만 알게 되는 에클레시아의 참모습들이다.

당시 로마제국 안에서 살아가던 다른 5백만의 평범한 시민들처럼 디도 역시도 A.D. 49년, 클라우디우스 황제의 유대인 추방령(약 2만 명)을 전해 들었다. 안디옥교회를 깨뜨리려 내려왔던 유대주의자들이 예루살렘으로 복귀한 것이 아니라 거기서 직접 갈라디아로 넘어가 갈라디아의 네 어린 교회들을 차례로 방문하며 타격을 가했다는 소식을 바울이 알게 된 것이 바로 그 시점이었다. 그리고 디도는 그때도 바울과 함께 거기 안디옥에 있었다. (유대주의자들이 갈라디아 교회들을 침투한 사건은 바울과 바나바가 예루살렘공의회에 참석하고 있던 그 시점에 벌어졌다.) 이 소식을 전해 들은 바울이 갈라디아교회들에 보낼 그의 첫 서신을 작성하던 그 작은 방에 디도도 함께 있었다. 역사상 첫 기독교 문서가 작성되던 그곳에 디도가 있었다. 하지만 이 모든 사실보다 디도에게 있어 더 중요한 것은 갈라디아교회들에 이 편지를 전달할 사람으로 디도 본인이 선정되었다는 사실이다(갈 2:3). 이 모든 일이 50년 여름에 일어난 사건들이었다.

이제 우리는 한 번도 발 디딘 적 없는 땅, 갈라디아를 여행하며 네 교회에 편지를 전달하는 디도를 만나게 된다. 디도가 이 편지를 교회들에 전달하면 곧 그 뒤를 이어 바울이 직접 교회들을 방문할 터였다. 그리고 그 여정에는 실라가 동행하게 될 것이다. (갈라디아교회들에 보낸 편지, 즉 갈라디아서에 예루살렘공의회의 편지에 대한 언급이 없는 이유가 궁금할지도 모른다. 바울은 두 증인[9]의 입으로 직접 이 사실을 증언케 할 참이었다.)

갈라디아교회들에 바울의 편지(갈라디아서)가 전달된 후 상황이 어떻게 전개되었을까? 어쨌든 디도는 안디옥교회로 복귀하여 **교회생활**이라 불리는 그 경이로우면서도 무시무시한(!) 경험 속에 다시 참여하였다. 디도가 바울의 두 번째 교회개척 여정에 참여했을 가능성은? 우리는 그것에 대해 단언할 수 없다. 누가가 그의 조카에 대해 전혀 언급하지 않기 때문이다. 누가의 기록[10]만 보아서는 디도라는 사람이 아예 존재하지 않는 것처럼 보인다. 대신 우리가 디도에 대해서 알 수 있는 모든 것들은 바울의 편지를 통해서이다. 실제로 디도는 사도행전 13:1 이후에 전개되는 대부분의 사건에 연루되어 있다.

---

9) 디도와 실라. 역주.
10) 누가복음과 사도행전. 역주.

하지만 정작 사도행전에서는 그 사실이 **전혀** 언급되지 않는다! 왜 그럴까? 의사이면서 동시에 역사가였던 누가가 그 정도로 디도를 싫어했을까? 아니면…?

우리는 이 정확한 내막을 모른다. 분명한 것은 디도가 파란만장한 교회생활 속에 살아왔다는 사실이다. 그는 민낯 그대로의 **교회생활**에 사로잡혔던 그리스도인이었다.

사랑하는 독자들이여, "교회생활"은 장차 교회개척자가 될 사람들을 위한 1세기 훈련방식의 첫 단계였다! 이들의 훈련은 오직 그리스도의 몸을 위한 것이었다.[11] 그리고 그 훈련이란 매일 매일의 교회생활 속에서만 경험 가능한 것들이었다. 당신은 이런 훈련을 좋아하는가?

50년 봄, 그해 디도의 나이는 24살이었다.

교회생활을 경험하라. 그리고 거기서 살아남으라. 그렇게만 할 수 있다면, 당신이야말로 **그다음 단계**로 나아가기에 적합한 사람이다.

이제 우리는 여덟 젊은이 중 두 번째 인물을 만나볼 차례이다. 이 사람이야말로 정말 흥미로운 사람이다.

디도와의 만남은 여기서 잠시 중단되지만 우리는 두 번째 인물을 만날 때 다시 그를 소환해야 할 것이다.

---

11) 개인의 영적경건이나 사역의 성취가 그 목적이 아니었다. 역주.

21. 디모데의 자격조건

　바나바와 바울이 첫 교회개척 여정에 올랐을 때, 그들이 만났던 한 젊은이가 있었다. 그는 별로 눈에 띄지 않는 어린 청년이었고 바울이 교회를 개척했던 네 도시 중 한 곳에 살고 있었다.

　바울이 이 유대인 혼혈아(유대인 어머니와 그리스인 아버지)를 처음 만났던 곳은 루스드라에서였다. 바울의 루스드라 첫 방문을 기록한 누가의 문서엔 이 젊은이가 언급되지 않는다. 하지만 그때 이 친구는 분명 그 자리에 있었다. 그리고 이 청년의 어머니와 할머니 역시 그 자리에 있었다. 이 청년의 이름은 디모데이다. 바울이 루스드라에 처음 들어갔던 그해가 48년이었다. 우리는 48년 당시, 디모데의 나이를 20살로 추정한다.

　장차 바울의 동역자이며 디도의 절친한 동지가 될 이 젊은이를 자세히 알아보자. [12]

　디모데는 바울에 의해 한 교회가 세워지는 그 현장을 직접 목격한 젊은이다. 한 번 더 강조하자면, 하나의 교회가 **어떻게** 세워지는지,

---

12) 만약 갈라디아서를 전달한 사람이 실제로 디도라면, 디모데와 디도는 그때 만났을 것이다. 물론 아닐 수도 있지만 그럴 가능성도 다분하다

그 첫 순간부터 그 현장을 목격하고 그 교회와 함께 성장한다는 것은 말할 수 없이 중요하다.

디모데는 바울이 돌에 맞아 죽음에 내쳐지는 상황을 목격했다. (자신의 멘토가 돌에 맞는 현장을 지켜보는 것은 제도권 교회 밖에서 그리스도를 섬긴다는 것이 무엇인지를 배울 수 있는 가장 훌륭한 관문이 아닐 수 없다.) 바울이 비시디아교회를 세운 후 비시디아교회를 떠나고, 이고니온교회를 세운 후 이고니온교회를 떠났던 사실을 디모데는 잘 알고 있었다. 또한 루스드라교회를 세운 후 루스드라를 떠나고, 더베교회를 세운 후 더베교회를 떠나는 모습도 목격하였다. 예루살렘에서 내려온 한 무리의 율법주의자들이 예수님의 형제 야고보의 편지까지 들고 갈라디아교회에 침투하는 상황을 디모데는 직접 맞닥뜨려야 했다.

바울이 루스드라(디모데를 만났던!)에서 돌에 맞아 내쳐지던 그 무렵, 이후 바울이 훈련하게 될 여덟 젊은이 중 세 번째 청년이 무대에 등장하고 있었다. 그의 경험과 디모데의 경험은 상당 부분 겹친다.

22. 가이우스

때는 아직도 48년이다. 바울은 루스드라를 떠나 더베로 여정을 계속하고 있다.

우리는 A.D. 48년 가이우스의 나이를 25살로 상정할 것이다.

가이우스에게서 우리가 배울 점은? 그는 더베교회가 태어나는 그 현장에 있었다. ("한 교회의 탄생과 운명을 같이하는 그 소중함이란!!") 바울이 더베교회에서 보낸 시간은 다른 교회들보다도 더 적었다. 루스드라와 더베는 그리 먼 거리가 아니었기 때문에(84마일) 가이우스와 디모데는 이때 서로 만나게 된다. 더베교회를 세운 바울이 모든 것을 에클레시아에 위임하고 떠나가는 그 현장에 가이우스가 있었다. 그로부터 얼마 되지 않은 50년 초, 가이우스는 예루살렘에서 내려온 유대주의자들과 직면한다. 그들이 육로로 온 까닭에 더베교회는 제일 먼저 그들과 맞닥뜨려야 했다. 네 교회 중 가장 늦게 세워진 더베교회는 "또 다른 복음"을 들어야 할 곤혹스러운 상황에서 대체 어떻게 처신해야 할지 전혀 준비가 안 된 교회였을 것이다. 바울을 폄훼하고 갈라디아의 네 교회를 개종시키려고 획책하는 이 율법주의자들이 교회를 파괴하려는 현장을 가이우스는 직접 경험하였

다.13)

가이우스가 실라를 처음 만난 것은 바울의 두 번째 교회개척 여정에서였다(50년 여름). 바로 이런 점에서 가이우스와 디모데의 경험은 상당 부분 겹친다는 것을 우리는 알 수 있다.

그때 두 젊은이는 바울에게서 안디옥교회에 대한 설명도 들었고 유대 율법주의자들이 그곳에도 방문했다는 사실과 모든 사도들이 함께 모여 이 문제를 논의한 예루살렘공의회에 대한 소식도 들었다. 디모데와 가이우스는 똑같은 유대주의자들의 침입을 받았고 함께 바울의 빈자리를 메꾸었다. 가이우스와 디모데는 율법주의자들이 침입했을 때의 상황을 바울에게 들려주며 이때 디모데가 어떻게 그들과 맞섰는지를 말해주었다. 바울과 함께 그 자리에 있던 실라는 예루살렘공의회의 결과와 비전을 두 젊은이에게 확증해주었다. 실라가 예루살렘공의회에서 작성된 두루마리를 그들에게 펼쳐 보였을 때, 디모데와 가이우스는 열두 사도들이 직접 서명한 그 편지를 자신들의 눈으로 확인하였다.

바울이 루스드라와 더베를 재방문할 당시, 어떤 생각에선가 바울은 디모데에게 할례를 주었다. 그렇다면 가이우스는 디모데에 비해 자격에서 좀 떨어지는…? 그렇지 않다. 교회생활 가운데 있다는 그 자체가 주님의 일꾼이 될 충분한 자격임을 잊지 말라! 실라와 함께 있을 동안 가이우스와 디모데가 수많은 질문으로 실라를 실신시켰

---

13) 이때 나이어린 청년 루스드라의 디모데가 네 교회를 오가며 그 유대주의자들과 맞서는 것을 가이우스는 목격하였다.

을 거란 사실도 또한 중요하다.

바울이 더베교회를 세운 후 그곳을 떠나던 A.D. 49년 당시, 가이우스는 26살쯤 되었을 것이다. 이제 우리는 잠시 가이우스와 작별해야 한다. 우리는 그를 에베소에서 다시 만나게 될 것이다. 디모데, 디도와 함께! (비록 사랑받는 의사 누가가 조카인 디도를 언급하지 않더라도!)

사랑하는 독자들이여. 이 젊은이들을 선망하라. 바로 이것이 중요하다. 교회생활이란 이처럼 극도로 위험하면서도 살아 숨 쉬는 격정적인 실체이다!

바울과 실라는 50년 말, 갈라디아교회들을 재방문한 후, 그곳을 떠나 그들의 여정을 계속한다. 14)

디모데는 48년 당시 스무 살이었다. 이제 그는 스물두 살에 접어들었다. 이 사실을 마음에 두라. 디모데는 스물두 살에 유대주의자들과 대면하였다!

---

14) 이때 디도가 바울과 동행했을 가능성은 충분하다. 누가가 사도행전에서 그 사실을 전혀 언급하지 않기 때문에 우리는 그 사실을 **결코** 단언할 수는 없다. 학자들은 누가가 디도를 정말로 싫어했든지, 아니면 연소한 동생, 혹은 조카였을 디도의 과도한 조명을 꺼렸을 거라고 믿는다. 사도행전에서는 언급되지 않지만 이와 병행하는 다른 문서들 속에선 바울과 동행하는 두 사람이 종종 언급된다. 이들 두 사람은 바로 누가와 디도이다. 우리가 누가, 디도, 바울, 이 세 사람을 동시에 발견할 수 있는 것은 **오직** 바울서신에서다. 결론은 분명하다. 50년, 갈라디아에서 바울과 함께 출발했던 사람들은 실라, 디모데, 디도였을 것이다. 그러나 우리가 그 사실을 확증할 수는 없다. 누가! 당신은 어째서 당신의 문서들 가운데 디도를 쏙 빼놓아 우리를 이렇게…?!

세 인물에 대한 조명

이 세 명(디도, 디모데, 가이우스)의 독신 형제들은 실라를 통해 다방면의 자극을 받았다. 그리고 서로가 서로에게 깊은 마중물이 되어주었다.

당신의 삶과 인생 가운데 **교회생활**을 경험하는 것이 어째서 그리 절실한지 배울 필요가 있다. (다시 한번 말하지만, 여기서의 '교회생활'이란 현대교회의 그 신앙생활을 말하는 것이 아니다.)

에베소에서의 훈련과정에 한 가지 독특한 점이 있다면 모든 종교적 전통을 벗어난 한 늙은 교회개척자가 거기 있었다는 점이다. 그는 20년 세월을 교회개척에 보내고 그보다 더 많은 시간을 '교회생활' 가운데 보낸 풍파에 찌든 늙은이였다.

바울이 실라, 그리고 디모데와 함께 **두 번째** 교회개척 여정에 나섰을 때, 가이우스는 더베에서 그의 교회생활을 계속하고 있었다. (이때 디도는 안디옥교회로 돌아갔든지 아니면 디모데와 함께 바울의 두 번째 교회개척 여정에 동행했을 것이다. 우리는 그 사실을 확정할 수 없다. 누가는 어째서 그 사실을…!? 하여튼 역사를 중시하는 사람들은 어떤 편견을 갖거나 예단을 내려선 안 된다.)

디모데, 바울, 그리고 실라는 마침내 그리스 지경으로 들어서고 있었다. 바울과 실라를 사이에 두고 걷고 있는 디모데! 그의 믿음의 지평은 이제 두 사람을 통한 간접경험으로 오순절로 거슬러 올라가 주님의 열두 제자와 바나바에게로 나아가고 있었다.[15] 더구나 지금

15) 누군가와 긴 여정을 함께할 때, 그들 사이에 이뤄질 성장과 성숙이란 우리의 상상을

디모데와 함께 걷고 있는 사람이 누군가! 지구상 최초의 교회총회인 예루살렘공의회에 참석했던 거장들이 아닌가? 그들과 여행하면서 디모데는 그 젊은 나이에 여행의 혹독함까지 배우고 있었다. 그것은 결코 사소한 경험이 아니다. 고향과 가족을 떠나 긴 시간 여행의 위험 가운데 노출될 때 그 위기의 순간들을 극복해나가는 능력은 모든 사람에게 있어 그가 누구인지를 측정할 수 있는 가장 좋은 방법 중 하나이다. (안정적인 곳에 머물기를 좋아하는 사람들은 교회개척자라는 이 부르심에 나아가기가 절대 쉽지 않을 것이다.)

실라가 솔로몬 성전의 현관이 어떤지, 스데반과 빌립은 어떤 인물인지에 대해서도 여행 중인 디모데에게 말해주었을까?

우리는 이제, 장차 교회개척자의 반열에 합류할 또 다른 세 젊은 이도 만나보아야 한다. 이들은 모두 그리스 소도시에서 태어난 청년들이다.

한편, 그리스에서는![16)

49년 말, 클라우디우스 황제는 로마에 있는 모든 유대인의 추방을 명했다. 로마는 당시 열세 구역으로 구분되어 있었다. 빌립보는 그리스령에 속했음에도 그곳 사람들은 자신들이 **로마**의 열네 번째 구역이나 되는 것처럼 믿고 있었다. 이곳 사람들은 라틴어로 말했고

초월한다. 더구나 대부분의 여정을 도보로 진행하던 그들 사이에 오갔을 대화와 전이(轉移; impartation)란!! 역주.

16) 신약성경을 제대로 이해하고 싶은 사람들은 신약성경 속의 굵직한 사건들을 하나의 이야기로 엮을 수 있어야 한다.

라틴어를 썼으며 그들이 사용하는 화폐도 로마화폐였다. 옷도 로마 풍이었고 문화와 건축 역시 로마풍을 본떴다. 아우구스투스의 칙령이래, 그들은 실제 로마시민으로 **간주**하였다.

50년 말, 빌립보인들은 클라우디우스 황제의 칙령을 적용해 도시 내의 모든 유대인을 내어 보냈다.

역설적으로, 모든 유대인이 쫓겨난 그 시점에 유대인인 바울과 실라가 그 도시에 들어섰다. 두 사람은 그 도시 내의 유일한 유대인이었다! 디모데는 돌에 맞아 내쳐지는 멘토 바울의 모습을 루스드라에서 이미 한 차례 목격했다. 이제 그는 로마 형벌로 주어지는 채찍이 바울에게 가해지는 현장을 다시 한번 보게 될 것이다.[17] 그는 또한 바울과 실라가 결박되어 감옥으로 끌려가고 사슬에 묶이는 것도 목격하였다.

이후 디모데는 도시 전체가 두 사람을 거절하는 현장도 체험한다. 이것은 주님의 사역에 들어설 한 젊은이에게 특별한 훈련의 과정이었다.

만약 당신이 1세기 스타일의 훈련을 받고자 한다면 **당신**은 1세기 스타일의 교회생활에 들어설 필요가 있다.

진실한 교회생활이란 결코 쉽게 얻어지는 경험이 아니다. 그것은

---

17) 이것은 그저 약간의 뭉클함으로 넘어갈 요소가 아닌 것 같다. 자신의 멘토가, 그것도 늙은, 그리고 사랑하고 존경하는 … 그 몸에 채찍이 가해지는 현장에서, 그 채찍의 소리를 직접 들으며, 그때마다 일그러지는 스승의 얼굴을 직접 바라보며, 옷에 흥건히 스며드는 핏물을 목격할 때 그 청년의 심령 깊은 곳에 새겨질 다짐, 눈물, 각오를 떠올려보라! 또 하나, 우리에게 그럴만한 현장이 있었는지도! 역주.

당신이 애써 찾아 나서야 할 어떤 것이다.

에베소에서 훈련받았던 모든 사람은 그들이 훈련받기 이전에 벌써 이 교회생활을 경험하고 있었다.

23. 데살로니가에 우리를 기다리는 두 사람이 더 있다

빌립보를 떠나, 세 사람은 북그리스 마케도니아의 수도를 향해 남쪽으로 나아갔다. 바울은 51년, 데살로니가에 들어갔다.[18]

이제 우리는 이 데살로니가 교회에서 장차 주님의 일꾼이 될 두 젊은이를 만나게 될 것이다.

아리스다고와 세군도

바울이 데살로니가교회를 일으켜 세울 당시, 그 교회의 회심자들 중에 장차 교회개척자가 될 두 젊은이가 숨어 있었다. 이제 그들은 바울이 훈련할 여덟 젊은이 중 네 번째와 다섯 번째 멤버가 될 사람이다. 이들의 이름은 아리스다고와 세군도, 두 사람 모두 그리스인이다. 우리는 또 한 번, 미래의 교회개척자가 "한 교회의 출생 현장"에 참여하는 모습을 확인하고 있다. 두 사람은 곧 바울과 실라 뿐 아니라 디모데와도 관계를 맺게 될 것이다. (디도는? 거기에 대해 우리는

---

18) 나의 사견으로는 당시 디도가 바울과 함께 있었다고 확신한다. "우리"라는 언급이 사도행전에 여러 차례 나온다. 자신의 이름을 분명히 명시하지는 않지만 누가는 본인이 거기 있었음을 우리에게 암시한다. 누가가 거기 있는데 디도가 멀리 떠나 홀로 지냈겠는가?

확증할 수 없다!)

이 두 사람은 데살로니가교회가 "태어나는 그 순간"에 거기 있었고 하나의 에클레시아가 어떻게 태어나고 성장하는지를 경험했다. 그리고 이 경험은 장차 교회개척자가 될 그들의 이력(履歷)에 중요한 요소로 기록될 것이다.

데살로니가의 교회는 독특한 능력이 있었다. 그들은 핍박을 즐기는 것처럼 보였다. 예루살렘교회가 핍박받은 이야기-아마도 실라가 들려주었을-를 들으면서 그들은 그것을 몹시 사모하는 눈치였다! 이 교회는 종말론에 관해서도 남다른 상상력을 지녔던 것 같다.

바울의 등에 흉하게 일그러진 상처와 채찍의 흔적을 아리스다고와 세군도가 보았을까? 어쨌든 그들은 그 지역의 토착민들과 지방관리들, 그리고 유대인이 한패가 되어 바울을 도시에서 내치는 모습을 목격하였다. 그 와중에도 이 독특한 이방인 에클레시아는 핍박과 사회적 고립을 즐기는 모습이 역력했다. 핍박이 다가오기 전, 이 열정적인 두 젊은이가 수많은 질문을 실라와 디모데에게 퍼부었을 것은 분명하다.

어느 날 밤, 바울은 이 두 젊은이에게 장차 유대인들이 일으킬 폭동과 관련한 소문을 들려주었다. 유대인들은 메시아에 대한 확고한 믿음을 가지고 있었다. 만약 그들이 로마에 대항해 봉기를 일으키기만 하면 그 메시아가 나타나 로마를 무너뜨리고 자신들을 구할 것이라는 믿음이 그것이었다. 그러나 메시아는 오지 않았고 소문을 접한 클라우디우스 황제는 모든 유대인들을 로마 본토에서 추방하라는 칙령을 내린 터였다. 유대인들은 이 사건 이후로 클라우디우스를 반(反) 메시아적인 인물, 즉 적그리스도로 여겼다.

아리스다고와 세군도의 교회생활은 그렇게 핍박으로 시작되었다. 1세기 상황에서 교회생활이란 거의 모험과 동의어로 여겨지는 어떤 것이었다.

여러 주간 말씀을 나눈 후, 아리스다고와 세군도는 어느 날 갑자기 홀로 남겨졌다. 바울은 머리카락이 쭈뼛 서는 그 긴장 어린 상황 속에 어린 에클레시아를 남겨놓고 떠나버렸다. 그리고 아리스다고와 세군도는 지방정부와 데살로니가의 시민들, 그리고 유대인들의 배척 속에 고립된 작은 공동체 가운데 서 있는 자신들의 모습을 발견했다. 바울은 에클레시아의 손에 교회를 위임하고 떠나갔다. 그는 이 두 젊은이에게 앞으로 그들이 살게 될 삶이 어떤 것인지를 실제로 보여주었다. 바울 자신의 삶으로, 하나님의 말씀으로, 그리고 편지로!

안디옥교회가 태어나는 과정을 디도가 목격했듯이, 디모데가 루스드라교회의 탄생에 참여했듯이, 그리고 가이우스가 더베교회의 출생현장을 목격했듯이, 이 두 젊은이, 아리스다고와 세군도는 데살로니가교회가 태어나고 핍박 가운데 성장하는 과정을 맨 앞자리에서 지켜보았다. 그리고 그 교회와 함께 이 두 젊은이는 홀로 남겨졌다!

때는 51년이었다.

우리는 51년 당시, 이 두 사람의 나이를 25살로 추정한다.

바울이 더베교회를 떠나는 현장에 가이우스가 있었다. 데살로니가교회와 작별하는 현장엔 아리스다고와 세군도가 있었다.

디모데로선 바울이 어린 교회를 뒤에 두고 떠나는 현장을 **여섯 번**이나 목격한 셈이다.19)

---

19) 사도행전 14:23, "그들(바울과 디모데)은 그들이 신뢰하는 주께 그들을 맡겼다" …
    이 사람들은 감히 성령의 돌보심 가운데 각각의 교회를 위임하고 자신들은 그 교회를
    홀연히 떠나갔다.

24. 베뢰아교회의 한 유대인 청년

베뢰아교회의 탄생 이야기는 데살로니가교회와 거의 중복된다. 특이한 점은 데살로니가에서 베뢰아까지 따라온 한 무리의 훼방꾼들이 이 도시의 소동을 부추긴 점이고 다른 하나는 두 도시가 지리적으로 매우 가까웠다는 사실이다.

이곳 베뢰아의 유대인 회당에선 적잖은 유대인들이 그리스도를 받아들였던 것 같다. 이 유대인 회심자들은 어떻게 해서 회당에 비치된 히브리 성경(두루마리)을 열람할 수 있었다. 그들은 토요일마다 회당에 모여 그날 분량의 두루마리를 읽었다. (한 사람이 낭독하고 다른 사람들은 들었는데 이방인 회심자들은 똑같은 장소에 있는 것이 허락되지 않았다.) 제사장이 두루마리를 펼친 후 그날 분량의 말씀을 읽었다.

그들 가운데 젊은 유대인 회심자가 한 사람 있었는데 그가 바로 소바더라는 청년이었다.

소바더 역시 "한 교회가 시작되는 그 순간"부터 그 교회와 운명을 함께 하고 있었다. 그리고 곧바로 거기 베뢰아에서의 격정적인 교회 생활 속으로 들어갔다.

51년, 우리는 소바더의 나이를 25살로 추정한다.

이제 디모데는, 빌립보교회, 데살로니가교회에 이어 다시 한번 베뢰아교회와 작별하는 바울의 모습을 지켜보게 되었다. 그리고 디모데와 아리스다고와 세군도, 이 세 사람은 공히 바울이 데살로니가교회를 떠나는 현장을 이미 한차례 목격한 터였다!

바울이 각 교회와 함께 있었던 시간은 평균 6개월 미만이었던 셈이다. 이 신령한 모범을 따르는 사역자가 지금 이 지구상에 존재할까?

바울은 베뢰아교회가 맞이한 상황으로 인해 서둘러 그곳을 떠나야했다. 아테네로 떠나는 바울을 "형제들"이 에워싸고 인도했다. (소바더도 그 "형제들" 가운데 있었을까?) 바울은 약 한 달을 아테네에 머물렀고 그동안 실라와 디모데는 새로 태어난 데살로니가교회와 베뢰아교회를 돕다가 아테네로 넘어와 두 교회의 상황을 바울에게 전해주었다.

이후, 바울은 고린도로 이동했다. 그리고 고린도에서 다시 한번 데살로니가교회의 소식을 접하게 된다.

바울은 거기 고린도에서, 핍박 가운데서도 특유의 열정을 잃지 않는 데살로니가교회를 위해 붓을 든다. (이렇게 쓰여진 편지를 누가 데살로니가교회에 전달했을까? 우리는 그것을 알 수 없다.) 바울이 보낸 편지는 에클레시아 전체 앞에서 낭독되었고 그 자리에 아리스다고와 세군도가 있었다는 사실은 분명하다. 이 편지를 미러링(우리가 바울의 편지를 받는 데살로니가교회의 신자가 되어 발신자인 바울의 편지를 이해하는 방식. 역주.)함으로써 우리는 당시 데살로니가 교회에 일어났던 사건들의 단서를 얻을 수 있다.

편지를 보낸 바울은 다시 한번 디모데에게 데살로니가로 넘어가 교회를 방문해달라고 요청했다. 아리스다고와 세군도는 지금 전개되는 이 모든 상황 한 복판에서 충실히 교회생활을 경험하고 있었다. 다시 한번 데살로니가교회를 방문한 디모데에게 두 젊은이가 쏟아놓았을 수많은 질문을 추측해보라. 무엇보다도 두 젊은이는 아테네와 고린도에서 지금 무슨 일이 전개되고 있는지 알고 싶었을 것이다. 그리고 디모데의 입장에선 베리아교회가 맞이한 특별한 상황을 두 사람에게 알아보았을 것이다. 이 독신 형제들이 밤을 지새워 나누었던 이야기들을 우리가 다 이해할 수 있을까!

아리스다고와 세군도가 데살로니가와 지리상 가까웠던 베뢰아교회의 모임을 방문했을 거란 사실은 의심의 여지가 없다. 바울은 디모데에게 당분간 데살로니가교회에 머물러 줄 것을 부탁하는 한편 실라와 함께 베뢰아교회도 도와달라고 당부했다. 두 사람(디모데와 실라)이 베뢰아와 데살로니가에 머무는 동안 아리스다고, 세군도, 소바더, 이 세 젊은이가 두 사람(디모데와 실라)에게 쏟아부었을 질문들을 상상해보라.

지금 그들의 훈련이 책에서 비롯되는 것이 아니라는 것쯤은 당신도 이미 눈치챘을 것이다.

고린도에서 바울은…

바울은 지금 그가 그리스에서 일으켜 세운 교회들을 떠나있는 상태이다. 각 교회에 머물렀던 시간은 넉 달에서 여섯 달 이내였다. 이제 바울은 장차 주님의 일꾼이 될 여섯 젊은이를 확보하게 되었다. 그리고 그의 마음속에는 하나의 원대한 계획이 그려지고 있었다. 실로 굉장한 계획이었다.

25. 원대한 계획을 품고 안디옥으로 복귀하는 바울

다른 도시들과는 달리, 바울은 고린도에서 18개월을 머물렀다.

하지만 결국은 고린도교회에서도 떠났다. 바울, 실라, 디모데, 세 사람 모두 고린도를 떠났다. 이제 바울 일행은 잠시 에베소에 들른 후 예루살렘으로 올라가 교회를 방문할 참이었다. 이 사실을 가볍게 여기지 말라. 바울의 두 번째 여정이 끝났을 때 실라와 디모데가 그와 함께하고 있었다. 즉 디모데가 예루살렘교회를 방문하게 된 것이다. 바울의 2차 교회개척 여정을 마무리 한 곳은 결국, 예루살렘에서였다.

디모데의 예루살렘 방문은 54년의 일이다. 디도는 49년에 예루살렘을 방문한 적이 있다.

단기간의 에베소방문

예루살렘교회를 방문하기에 앞서, 바울은 잠시 에베소에 들렀다. 그리고 거기까지 동행했던 브리스길라 아굴라 부부에게 에베소에 머물러 달라고 요청했다. 바울에겐 계획이 있었다. 이후 다시 에베소로 건너와 거기서 이방인교회를 일으켜 세울 젊은이들을 훈련할 생각이었다.

　브리스길라 부부를 남겨두고 곧바로 에베소를 떠난 바울 일행은 예루살렘교회를 방문했다. 그리고 거기 예루살렘에서 실라는 두 사람(바울, 디모데)과 작별했다.[20] 이후 바울과 디모데는 2차 교회개척 여정을 시작했던 안디옥교회로 곧장 나아갔다.

　마침내 디모데도 말로만 듣던 안디옥교회를 만나게 되었다.

　(곧 디도를 만나게 될 터인데, 이것이 디모데와 디도의 첫 만남일까, 아니면 지금껏 두 사람이 함께 여행을 해왔던 것일까?) 이제 디모데가 만난 교회의 수는 하나 더 늘었다. 지금까지 디모데는 갈라디아의 네 교회와 빌립보교회, 데살로니가교회, 베뢰아교회, 고린도교회를 만났고, 바울과 잠시 방문했던 에베소에서 살짝 그려보았던 미래의 에베소교회도 있었다. 그리고 예루살렘교회를 방문한 후 이제 안디옥교회와의 만남을 앞둔 것이다.

　오늘날 우리가 하나님께 올려드린 젊은이는 모두 신학교 강의실에 몰려있다! 사방으로 꽉 막힌 그곳에 말이다! 당신은 지금까지 하나님의 일꾼이 될 사람이 훈련받을 곳이 신학교밖에 없다고 생각했을 것이다. 이제 내가 당신에게 또 다른 선택을 제안해도 되겠는가!

　이제 우리는, 신학교가 해낼 수 없는 어떤 일, 즉 서로의 영적 자원과 교회경험이 교차하며 서로를 일꾼으로 길러내는 역사상 가장 위대한 훈련과정(cross-pollination)을 목격하게 될 것이다. 안디옥교회에 머무는 동안, 바울은 디모데의 고향교회인 루스드라교회와 가이

---

20) 실라는 본디 예루살렘교회 출신이다. 역주.

우스의 고향교회인 더베교회를 포함, 갈라디아의 네 교회에 서신을 띄웠다. 그다음, 데살로니가교회에도 똑같은 편지를 보냈다. 이 편지는 거기서 멀지 않은 베뢰아교회에서도 회람되었음이 확실하다. 바울은 교회들에 보낸 편지에서 자신이 훈련할 형제들을 지목한 후 그들을 자신에게 보내줄 것을 각 교회에 요청했다. 더베에서 한 명, 데살로니가에서 두 명, 베뢰아에서 한 명! 이때 안디옥교회엔 편지를 보내지 않았다. 바울 자신이 디모데, 그리고 디도와 함께 지금 안디옥교회에 머물고 있기 때문이다. 편지엔 각 형제들에게 보내는 개인적인 메시지가 들어있었다 : "고향을 떠나 에베소로 나를 찾아와 주게."

사랑하는 독자들이여. 여섯 젊은이가 에베소를 향해 집을 나선 것은 바로 이때 일어난 일이었다. 여섯 사람은 무사히 에베소에 도착했고 그때부터 그들 앞에 전개되는 모든 일을 "단체로" 보고 경험하기 시작했다. 그들은 파란만장한 삶을 살아온 늙은 교회개척자가 교회를 일으키는 현장을 '단체로' 목격했다. 무엇보다 그들이 목격한 것은, '교회를 향해', 그리고 '교회를 위해' 드려진 바울의 "삶"이었다. 그들은 교회를 위해 고스란히 부어지는 바울의 삶을 지켜보았다. 자신의 손으로 개척한 교회들을 자신이 신뢰하는 주님께 맡기고 담대히 그곳을 벗어나는 바울을 그들은 아주 가까운 곳에서 또 한 번 지켜보았다. 아! 바울이 소유했던 그 주님! 그가 교회에게 전해준 그 주님! 오늘 우리에게 그 주님이 얼마나 절실한가!

때는 54년이었다.

그즈음, 갈릴리에서 결성(52년)된 단검단은 바울을 찾기 위해 혈안이 되어있었다. 그해 54년은 클라우디우스 황제가 죽은 해이기도 하다. 그리고 게르마니쿠스 네로라는 열여섯 살의 소년이 제국의 지배자로 황제의 자리에 올랐다.

바울은 이 게르마니쿠스가 유대인 추방령을 철회할지도 모른다는 기대를 하고 있었을 것이다. 그러한 가정은 충분한 설득력이 있다. 게르마니쿠스 네로황제의 어머니 아그리피나 역시 유대인들에게 호의적인 것으로 알려져 있었다.

당시 열여섯 살의 네로황제와 이제 늙은이가 된 바울, 이 두 사람은 모두 죽음을 14년 앞두고 있었다. 그리고 바울은 그에게 남은 14년 동안의 삶 중 적어도 6년 이상을 감옥에서 보내게 될 터였다. 반면, 네로는 단지 미치광이들만의 판타지 속에 살다가 그 운명을 다할 터였다. 핏줄은 어쩔 수 없었다. 그는 결국, 미친 황제 칼리굴라의 조카일 뿐이었다!

에베소교회를 세우며 젊은이들을 훈련하는 와중에도 바울은 계속해서 네로를 주시하며 유대인 추방령이 철회되어 다시 유대인들이 로마로 돌아갈 수 있게 될 날을 고대하고 있었다. 그렇게 된다면 바울 자신이 직접 로마로 들어갈 작정이었다. 그러나 만약 그렇지 못하면 다른 우회적인 방법도 염두에 두고 있었다. 전자든 후자든, 그리스도에 대한 믿음을 이방인의 방식으로 표현할 로마 최초의 이방인교회를 로마 한복판에 세우리라고 바울은 작정하고 있었다.

에베소 계통의 교회들

바울이 에베소 계통의 교회들을 일으킬 생각을 품었던 것은 정말로 신령한 계시였다.[21] 이 무렵, 바울이 품고 있던 또 하나의 신령한 계획이 있었다. 그것은 로마 한복판에 이방인교회를 세우는 방식과 관련된 것이었다. 즉 "유대인이 한 사람도 남아있지 않은 그 도시, 로마"에 어떻게 교회를 세울 것인지, 그리고 그 일을 감당할 사람들을 어떻게 준비시킬 것인지…! 이 일을 위해 필요한 영감이 바울에게 부어졌다. 그것은 **다 자란교회**, 즉 성숙한 교회를 로마에 **이식**하는 방법이었다. 에클레시아를 심고 그 에클레시아가 성장하는 과정을 생략, 단축하기 위해 "완전히 성장한 이방인 버전의 교회"를 선적(船積)하여 로마로 보내는 것이었다!

사차원적인 관점(역사적, 문화적, 정치적, 성경적 관점)에서 보면 사도행전 15장 40절부터 18장까지의 내용과 바울서신이 병행을 이룬다. 일차원적인 성경공부 방식으로는 지금 전개되는 내용이 당신의 눈에 포착되지 않을 것이다. 사건의 배경과 그 문서들이 기록된 시간적 순서를 무시하고 이곳저곳에서 뽑아낸 구절들을 한 줄로 이어붙인 다음 거기서 하나의 의미를 뽑아내는 방식의 성경공부는 입체적으로 성경에 접근하는 방식과 결코 비교될 수조차 없다.

---

21) 예루살렘교회와 그곳에서 파생된 유대, 갈릴리, 사마리아교회들은 모두 유대인들로 구성된 예루살렘 계통의 교회들이었다. 안디옥교회와 그곳에서 파생된 갈라디아, 그리스의 교회들은 이방인들 중심으로 구성된 안디옥 계통의 교회들이었다. 이제 바울이 마음에 품고 있는 에베소계통의 교회는 예루살렘 계통의 교회와 안디옥 계통의 교회를 모두 뛰어넘는 제3의 교회라고 볼 수 있다. 역주.

당신이 지금까지 읽었던 내용은 현대의 신학교육과 거리가 멀다. 그렇지 않은가? 하나님의 일꾼들을 길러내는 오늘날의 신학교 교육이 바울의 사역자 훈련방식과 우열을 다툴 수 있겠는가?

사랑하는 독자들이여. 우리는 지금까지 하나님의 부름을 받은 사람들은 마땅히 신학교에 가야 한다고 생각해왔고 그런 가르침과 풍토가 수세기 동안이나 우리 가운데 깊이 뿌리내렸다! 이제 사도행전과 바울의 편지를 다시 읽어보라. 그 대하 드라마를 보면서 한 사람의 인생이 어떻게 하나님 앞에 드려지고 저물어 가는지를 느껴보라. 교회개척자들이 교회를 심고… 그다음, 그곳을 떠나가는 장면을 특히 눈여겨보라. 신학교 교육이 과연 하나님이 주신 이 방식들을 대체할 수 있겠는가?

26. 에베소에서 일어난 기적

　서로 다른 다섯 도시에서 여섯 사람이 에베소에 도착했다. 이들이 거기 도착할 때 단지 그들의 몸만 온 것이 아니었다. 서로 다른 다섯 문화, 다섯 언어, 다섯 전통, 그리고 색다른 지리적 환경과 정부조직을 가지고 온 것이나 다름없었다. 그들 모두는 서로에게 낯선 환경이었다. 그럼에도 그들은 서로에게 각자 다른 "다섯"을 넘겨줄 수 있었다.

　디도는 다섯 동료에게 바나바, 바울, 안디옥, 베드로와 바울이 안디옥교회에서 직면했던 사건, 예루살렘공의회, 열두 사도, 실라와 예루살렘교회의 편지, 그리고 율법주의자들의 침입에 상처 입은 갈라디아 교회들에 보내진 바울의 편지들을 넘겨줄 수 있었다.

　디모데는 다섯 동료들에게 루스드라, 비시디아 안디옥, 이고니온, 더베, 빌립보, 데살로니가, 베뢰아, 아테네, 고린도, 단기간의 에베소방문, 자신의 예루살렘여행, 그리고 안디옥교회에 관한 것이라면 무엇이든 말해줄 수 있었다. 또한, 제국 이곳저곳을 여행할 때 엄습하는 노상의 위험들, 그 지역의 환경에 넉살좋게 적응하는 것, 잠시도 쉴 틈 없이 매 맞고 사슬에 결박되어 옥에 간히고 돌과 채찍을 맞으면서도 그것을 인내하던 바울에 대해서도 말해줄 수 있었다. 그뿐만이 아니었다. 디모데는 실라에 대해서도 소상히 말해줄 수 있었고 그들이 알고 싶어 하는 다른 여러 장소와 그들이 경험하지 못한 많은 일을 그들에게 넘겨줄 수 있었다.

아리스다고, 세군도, 그리고 소바더는 그리스세계와 그곳에서 산다는 것이 어떤 것인지, 또 그리스의 교회들, 그리스적 사고방식등을 다른 동료들에게 말해줄 수 있었다. 그들이 빌립보교회를 방문했던 경험과 고린도교회 신자들의 시끌벅적한 모임, 그리고 여러 해 동안의 핍박과 사회적 고립을 겪으면서도 살아남았던 데살로니가교회에 대해서도 다른 동료들에게 말해줄 수 있었다.

그렇다면, 당신은? 당신은 무엇을 말해줄 수 있는가? 당신이 소유한 것은 신학교 졸업장이 전부다.

때는 55년이다. 이 젊은이들의 나이는? 디도가 스물아홉, 디모데 스물일곱, 가이우스 서른둘, 세 명의 그리스 청년(아리스다고, 세군도, 소바더)들은 모두 스물아홉이었다.

이 모든 젊은이는 **최소한** 한 차례 이상, 하나의 에클레시아가 태동하는 현장을 목격하고 그 현장에 참여한 경험이 있었다. 즉 이 사람들 모두는 벌떡 일어나 "나는 그 교회가 처음 세워질 때부터 거기 있었습니다."라고 말할 수 있는 젊은이들이었다. (열두 사도들 역시 그렇게 말할 수 있었다.)

이제 이들 **모두**는 곧 "나는 **두 번씩**이나…"라고 말할 수 있게 될 것이다.

에베소교회의 탄생

여섯 사람의 눈은 바울이 에베소에서 그리스도의 몸을 일으켜 세우는 과정을 한결같이 지켜보고 있었다. 그들의 고향 교회에서 이미 한 차례 교회가 태어나는 과정을 경험했던 이들은 이제 삼 년 동안, 교회를 일으키고 그 교회를 돌보는 바울의 모습을 아주 가까이에서 다시 한번 관찰할 것이다.

한 교회가 태어나는 현장에 참여하는 놀라움이란! 이미 여러 차례 그 과정을 목격했던 디모데조차도 다시 한번 깊은 감명을 받았을 것이 틀림없다. (행 20-21장을 보라.)

여섯 사람 모두는 이제 이렇게 말할 수 있었다. "나는 두 번이나 …교회가 태어나는 현장에 있었습니다."

그렇다면, 수년 동안 신학교 강의실에서 교수의 강의를 필기해온 당신은 뭐라고 고백할 수 있는가?

우리는 이제 바울에게 훈련받는 **여섯** 사람 외에 두 명의 젊은이가 더 결합해 여섯이 **여덟**이 되는 과정을 목격할 것이다.

27. 여섯 명이 여덟 명으로

바울은 에베소 도시의 성문을 지나기도 전에 에베소교회를 세우기 시작했다. 실로 놀라운 방식으로! 에베소에 거의 이르렀을 때 바울은 성문 어귀에서 세례요한의 가르침을 따르는 열두 명의 사내들을 만났다.[22] 바울은 요한의 세례만 알고 있는 이 사람들에게 예수 그리스도의 세례를 주었다. 여섯 사람과 함께 에베소에 도착했지만, 에베소교회는 20명(8+12)으로 출발하였다.[23]

갓 회심한 열두 명 중에 두기고와 드라비모라고 불리는 두 젊은이(피가 섞인 형제임이 분명한!)가 있었다. 이 두 젊은이는 1세기의 신자들이라면 누구라도 그랬던 것처럼 두 가지를 동시에 받아들였다 : **구원**, 그리고 **교회생활**! 그들은 동시에 그 두 가지 삶 속으로 들어갔다.

그리고 3년 후에 이 두 사람, 두기고와 드라비모는 하나님나라를 세우는 교회개척자가 되었다.

---

22) 세례요한은 오래전, 27-28년에 이미 죽었다. 당시는 그로부터 20년이 훨씬 지난 54년이었다.

23) 성문 어귀에서 회심한 12명과 여섯 젊은이, 그리고 1년 전부터 기다리고 있던 브리스길라 부부. 역주

바울이 훈련했던 여섯 사람이 여덟 사람으로 늘어난 것이 이때였다!

여덟 명이 훈련받았다. 그리고 여덟 명이 보냄을 받았다.

예수께서는 열두 사람을 훈련했다.

그리고 열두 사람을 보내셨다.

성령께서는 바나바와 바울을 보내셨다.

그렇다면 이 여섯 사람은? 그들은 교회가 보냈다. 하지만 놓치지 말아야 할 것이 있다. 성경은 재판정에서 심문받고 물리적인 시련과 고통에 처하는 바울의 삶을 우리에게 증언한다. 이 젊은이들이 바울을 따르면서 경험했던 것은 정작 무엇일까? 그것은 바울이 살아왔던 바로 그 삶이었다. 즉 에베소훈련을 통해 바울이 이 젊은이들에게 넘겨주었던 것은 교회생활 가운데 일어나는 그 파란만장한 사건들과, 자신의 치열하고 고된 교회개척자의 삶이었다. 그 고된 여정에 닳고 닳은 한 늙은 교회개척자가 이 여덟 젊은이를 훈련했던 것이다.

새로 결합한 두 젊은이(두기고와 드라비모)는 다른 여섯 동료에 비해 독특한 과정을 겪게 된다. 즉 이 두 사람은 교회생활을 경험함과 **동시**에 훈련을 받는다. 자신들이 회심했던 바로 그 장소에서 훈련받았기에 두 사람은 다른 동료들에 비해 훈련 기간이 짧았다.

이러한 모든 과정이 오늘 우리의 신학교와 너무도 이질적인 것은 왜일까? 한 가지 뚜렷한 이유가 있다. 신학교의 토대가 이교적인 요소들로 구성돼 있기 때문이다.

28. 에베소 훈련 이후에 떠오르는 아홉 번째 젊은이

　바울이 에베소에 있는 동안, 한 젊은이를 그리스도께 인도한 일이 있었다. 그의 이름은 에바브라였다. 에바브라가 소아시아 출신인 것은 맞지만 에베소 사람은 아니다. 그는 에베소에서 90마일 떨어진 "골로새" 출신의 청년이었다. 이 주목할 만한 젊은이는 이후 교회개척자가 될 뿐 아니라 바울의 동역자가 되기에 이른다. 시간이 지나 에바브라는 참으로 놀라운 사람이었음이 드러났다. 이 젊은이는 바울의 **아홉 번째** 제자가 된다. 하지만 바울은 동역자를 넘어 그를 "드러내놓고" "사도"라고 부른다! (빌립보서 2:25). (하지만 존 다비의 영향을 받았을 성경번역은 바울이 에바브라를 부르던 그 단어를 애써 "사도"가 아닌 다른 말로 번역하고 있다.) 바울은 분명히 그를 그리스어, "사도(an ambassador)"로 표현한다. **보냄 받은자**(사도)는 단지 열두 사도와 바나바, 그리고 바울 뿐이 아니다. 에바브라가 사도의 반열에 오르지 못할 까닭이 무엇인가? 무엇보다도 에바브라는 세 개의 교회를 일으켜 세웠다. 서로 가까운 곳에 있었던 그 세 개의 교회는 골로새교회, 히에라볼리교회, 라오디게아교회였다. 그뿐만이 아니다. 바울이 유럽, 빌립보로 가길 원했지만, 사정상 갈 수 없었던 그 때에 바울은 소아시아에 있는 그를 호출하여 바울 자신을 대신해 빌립보교회를 돕도록 "보낸다." 바울은 에바브라가 빌립보교회의 사도가 되길 원했던 것이다.

궁극적으로 바울의 사역을 이어받아 이방인교회의 개척자로 부름을 받은 일꾼은 아홉이 되었다.

그렇다면 에베소 생활 이후에 이들은 무엇을 했을까? 이들의 훈련은 거기가 끝이었을까?

29. 하나님의 사람을 훈련하는 바울의 방식

  에베소에서의 훈련은 실제로 어떠했을까? (부디 오늘날의 신학교와는 달랐기를!) 그리고 에베소 이후엔?

  바울은 여덟 명에게 그의 경험을 나누어주었다. 그것은 우리가 생각하는 것 이상으로 그들에게 깊은 영향을 주었다. 바울의 경험이란 다름 아닌, 이 젊은이들이 장차 겪게 될 그 위기의 순간들을 미리 겪었던 사람이 그곳을 헤쳐 나오며 몸에 익힌 삶의 방식일 뿐이었다. (바울의 편지를 관통해보라. 그는 정말로 많은 위기를 헤쳐 나온 사람이다!)

  바울이 에베소에서 펼쳤던 가르침엔 독특한 특징이 있었다. 그는 이 세상에 속하지 않은 "다른 영역(other realms)"에 대해 알고 있었고 바로 그 지식을 그의 젊은이들에게 전해주었다. 그의 복음은 늘 그 영역과 관련 있었고 철저히 예수 그리스도께 중심을 두고 있었다.

  수많은 문제를 헤치고 나오면서 바울 자신이 찾아냈던 실제적인 해결책들을 바울은 그의 젊은이들에게 넘겨주었다. 적어도 교회를 일으켜 세우는 일과 관련해서라면 완벽할 정도의 경험이 그 방안을 가득 채우고 있었다. (바울이 그 방에서 하나님 백성들의 괴팍함에 대해 투덜댔을까?) 외부에서 가해지는 핍박과 내부에서 야기되는 문제들, 그리고 그것들이 가져오는 파괴력 가운데서 어떻게 살아남을 수 있는지, 또 어떻게 비통함과 상처를 품지 않고 그곳에서 벗어날 수 있는지를 바울은 설명했다.

바울은 그들에게 상실(喪失)에 대해 가르쳤다. 그것은 지난(至難)한 교회개척의 여정에서 배우게 될 가장 위대한 가르침이었다. 여덟 명의 젊은이는 바울이 말하는 그 상실(喪失)을 실제로 바울에게서 "보았다." 그들이 받았던 교육은 정말로 손색없는 훈련이었다. 그 가르침 속에 성령님과 내주하시는 주님이 깃들어 계셨던 점을 생각해보라. 바울은 오늘 우리의 언어로는 가르칠 수 없는 무언가를 그 젊은이들에게 주고 있었다. : 그것은 바로 신령한 생명, 그 자체였고 그리스도를 중심에 두는 삶, 그 자체였다. 그는 오늘 우리의 신학교가 거의 알지도 못하는, 실행하는 것은 아예 불가능한 어떤 것을 그들에게 교육하고 있었다.

한 마디로, 바울은 그들에게 그리스도를 주고 있었다. 그리스도에 대한 살아있는 지식! 그것이 무엇인지 알고 싶다면 그가 쓴 열 세 편의 편지를 다시 한번 천천히 관통해보라. 그 서신들은 결국, 하나의 중심으로 흐른다. : 예수 그리스도! 그는 자신의 젊은이들에게 그리스도, 그분과의 신령한 만남을 주선한 것이다. 그리고 그것은 이미 바울 자신의 삶 안에 들어와 있는 어떤 것이었다. 바울 안에서 "실제로 살고 계시는 분은 그리스도"였다.

이 사실을 잊지 마시라. 바울의 여덟 젊은이는 바울이 교회를 세우는 것을 보았다. 그리고 그가 그 교회를 돌보는 것을 관찰하였다. 그가 일으켜 세운 것은 건물이 아니었다. 그것은 영적인 교회들이었다. 젊은이들을 훈련한다고 해서 어느 날 갑자기 독특한 이론(방법론)을 들고나와 열변을 토하는 강사가 된 것이 아니었다.

바울은 그의 '경험'을 에베소로 끌어왔고 불같은 시련들 가운데 체질화(體質化)된 지혜를 그들에게 넘겨주었다. 바울은 평생에 걸친 교회생활과 교회개척의 삶, 그리고 십자가를 그의 젊은이들에게 넘겨주었다. 여덟 젊은이는 바울에게서 흘러나오는 가르침의 근저(根底)에 일관된 교훈이 있음을 간파했다. : "그리스도를 알라. 그리스도 외엔 아무것도 알려고 하지 말라."

바울이 혹독한 여행 가운데 얻은 지식도 교육의 내용에 포함되었을 것이다. 바다 위와 바다 안에서의 생존법, 강도들을 만났을 때, 강, 폭풍우, 여관방의 쥐와 몸에 기생하는 이에 대처하는 법 등. 이들의 훈련은 강의실에서 이뤄진 것이 아니었다. 사람의 마음을 사로잡는 설교법도 아니었다. 바울은 그들에게 고통을 선물했다. 그리스도에 의해 사는 삶! 그것을 위해 매일매일 치러야 할 대가가 무엇인지를 그는 그의 젊은이들에게 분명히 보여주었다. 결국, 바울이 주님의 일꾼들을 훈련한 방법은 두 가지였다. 하나는 바울 **자신의 삶**, 다른 하나는 **그리스도**.

바울은 만물 가운데 그리스도께서 차지하는 **중심성**, 그리고 그분의 몸 된 에클레시아 안에서 그분이 차지하는 중심성(centrality of christ), 이 두 가지를 그의 젊은이들에게 가르쳤다.

바울은 교회개척자였다

바울은 오늘 우리가 오래전에 잃어버린 그 일을 했다. 그는 '교회 생활'에 뛰어들 교인(church men)들을 불러일으켰다. 그리고 그렇게 세워진 그들에게서 **떠나는 것**을 사역의 원칙으로 삼았다.

바울이 그의 젊은이들에게 주었던 십자가는 책이나 이론에서 흘러나온 것이 아니라 그가 몸소 감당했던 십자가였다. 그 십자가는 "잃는 것"이지 결코 "얻는 것"이 아니었다.

바울이 성경을 가르쳤을까?

신학교가 가장 중심에 두는 일은 성경을 가르치는 일이다. 그것을 지나치게 중심에 두고 모든 문제의 해결책으로 삼음으로써 결국, 그리스도를 비켜 가게 되었다.[24] 그것은 자칫 그리스도가 아닌 성경을 우리 자신도 모르게 모든 것의 중심에 세우게 만든다.

이 사실을 언제나 유념하라. 54-58년 당시에 존재했던 신약성경은 갈라디아서와 데살로니가전후서가 전부였다. 사랑하는 독자들

---

24) 사실 너무도 단순한 이 진리가 우리에겐 너무나 모호한 이론으로 다가올 수 있다. 성경을 중심에 두는 것과 그리스도를 중심에 두는 것의 차이가 손에 잡히지 않는 것이다. 즉 그 두 가지를 똑같은 것으로 여긴다. "성경을 중심에 두는데 어떻게 그리스도를 비켜 갈 수 있느냐는 반문이 그래서 가능해진다. 이런 비유를 떠올려보면 어떨까!? : 타국으로 출장 간 남편의 편지를 받아들고 한 구절 한 구절 감격 속에 읽는 것은 물론, 그것을 구구절절 삶에 적용하려는 갸륵한 아내가 있다. 그런데 정작 그 편지를 보낸 남편이 집으로 돌아오는 것은 부담스러워한다!! 우스꽝스럽지만 이 모습이 정확히 오늘 우리의 영적 주소이다. 남편 없이 편지를 부둥켜안고 살아온 날들이 너무 익숙한 나머지 그 편지와 그 편지를 쓴 남편을 혼동하는 것이다. 편지는 종이 위에 쓴 글씨이고 남편은 인격이다! 성경은 문서이고 그리스도는 인격이다! 역사상 가장 끈질기게 계속된 우리의 결핍이 바로 여기에 있다고 생각한다!! 역자.

이여. 그것이 당시 바울이 썼던 성경 전부였다. 구약성경이 존재하지 않았느냐고? 여덟 명의 젊은이들 중 디모데를 제외한 다른 누구도 히브리어를 아는 사람이 없었다. 결코! **이 할례 받지 못한** 젊은이들, 불결한 젊은이들, 씻지 않는 사람들로 취급되던 이 이방인 청년들은 그리스어 구약성경엔 접근할 기회조차 얻지 못했다.

21세기에 살아가는 오늘 우리로선 당시 유대교회당에 통권으로 된 한 권의 성경이 비치되는 일이 얼마나 희귀한 것이었는지를 거의 이해하지 못한다. 전 세계를 통틀어 50권 미만이었을 구약성경 복사본은 그 당시 사용되지도 않는 **고대 히브리어**로 되어 있었다. 어떤 이방인도, 바울조차도, 통권으로 된 구약성경을 손에 넣을 수 없었다. 거기 에베소 회당에 비치된 토라조차도 아마 열람하기 쉽지 않았을 것이다.

바울이 구약성경적 관점을 말한 적이 있지만, 그것은 이스라엘 민족의 오랜 **구전**에 의해서였고 인용된 모든 것은 오직 그리스도를 조명하기 위함이었다. 당신이 그의 편지에서 보는 것처럼!

시장의 바울과 그의 젊은이들

바울이 에베소교회를 세우고 있을 무렵, 여덟 젊은이는 가장 가까이에서 바울을 지켜볼 특권을 얻었다. 그러나 그들이 바울과 함께 있었던 장소는 단지 교회뿐만이 아니었다. 그는 에베소 시장 한편에 자리를 펴고 손수 가죽 제품과 텐트 깁는 일을 하면서 일행들의 생계를 책임졌다. 이것은 최상의 직업훈련이었다.

30. 이후, 바울은 그의 젊은이들을 소아시아로 보냈다

훈련은 끝났지만, 여전히 에베소에 머물면서, 바울은 그의 젊은이들을 가까운 소아시아 여러 도시로 보냈다. 즉 견습생인 그들을 데리고 "현장에 적응하는 훈련"에 돌입했다.

이후 사도 요한이 계시록에서 언급했던 몇몇 교회들이 바로 이 시점, 바울의 젊은이들에 의해 세워진 교회들이다.

에베소 이후

바울은 거기서 멈추지 않았다. 즉 에베소에서의 훈련으로 그들의 훈련이 끝난 것이 아니었다. 어쩌면 그 이후 전개된 일들이 가장 중요한 훈련 일부였을지도 모른다.

훈련 이후 실제로 전개되었던 일들을 우리가 알아볼 필요가 있다.

바울이 이 젊은이들에게 예루살렘 관광을 주선했다면 믿을 수 있겠는가? (그리고 열두 사도와의 만남도!)

31. 훈련이 종료된 후

바울은 그들을 거룩한 도시(Holy City)로 데려갔다. 그리고 바울의 공적인 사역은 여덟 명의 젊은이와 함께 거기 예루살렘을 방문하는 것으로 실제 끝났다고 보아야 할 것이다. 에베소에서의 훈련이 끝났을 때 바울은 여덟 도제(徒弟)들과 함께 빌립보를 들러 이탈리아 맞은편, 그리스 서쪽 디라키움(오늘날의 두러스) 항구도시로 갔다. 거기 두러스에서 북쪽으로 방향을 틀어 잠깐 달마디아로 짧은 여정을 진행한 후 그들은 다시 그리스 빌립보로 돌아왔다. 그리고 그들이 그다음으로 방문한 곳이 바로 고린도교회였다. 그때 바울은 거기 고린도교회에서 로마에 뿌리를 내리기 시작한 형제자매들에게 편지(로마서. 역주.)를 썼다! 그 후 바울이 계획한 일정은 오늘날 누구라도 소망할만한 그런 일이었다. 여덟 젊은이와 함께 바울은 거룩한 도시, 예루살렘을 방문했다.[25] 이때가 57-58년이었다.

사도행전은, 거기 예루살렘에서 체포된 바울이 자신의 젊은이들을 소아시아와 그리스, 그리고 이탈리아로 보낸 사실을 말해준다.[26]

---

[25] 바울 자신에 대한 적대감을 일행 모두가 짊어지게 될 상황을 염려하여 바울은 되도록이면 예루살렘교회 안에 머무는 것을 피했던 것으로 보인다.

[26] 한편, 예루살렘의 요한 마가는 이 당시 예수 그리스도의 전기문, 즉 마가복음을 기

아리스다고와 누가는 가이사랴 감옥에 갇힌 바울 옆에 머물렀다. 이후 아리스다고는 죄수로 압송되는 바울과 로마까지 동행한다.

이후, 의사 누가가 바울과 함께 로마에 있었다는 사실은 분명하다. 이때쯤 누가는 누가복음을 기록하고 있었을 것이다. 사도행전을 쓰기 시작한 것도 가이사랴나 로마에서였을 것으로 여겨진다.

바울이 로마에 갇힌 이후, 디도와 디모데는 물론 에바브라와 요한 마가까지 로마로 건너온다.[27]

우리는 58년에서 68년까지 이 젊은이들이 교회를 힘 있게 세워나가는 한편 그 교회들을 꾸준히 돌보았을 거라고 충분히 예상할 수 있다. 바로 그 일을 위해 훈련받은 젊은이들 아닌가!

우리에겐 순회교회개척자(itinerant church planter)의 복귀가 절실히 필요하다. 교회를 세우고… 그 교회를 떠나가는 주님의 사람! 그가 살아가는 그 시대의 종교적 전통을 벗어나 철저히 그리스도를 중심에 두고 살아가는 바로 그 사람!

록(A.D. 55–56)하고 있었다.
27) 바울의 편지를 그 기록된 순서대로 읽어야만 이런 사실이 눈에 들어온다

32. 이들의 훈련에 등장하지 않았던 방식들

이것이 훈련의 열쇠이다

바울의 젊은이들이 훈련받았던 방식엔 플라톤/아리스토텔레스/정사각형 강의실/현대 신학교의 핵심인 '앉아서-필기하는 수업'이 **없었다.** 우리가 어째서 그런 낮은 수준의 훈련, 즉 전두엽만 사용하는 방식에 만족해야 하는가?

신학교 교수들은 그들의 수업을 받는 누군가의 영웅이 된다. 하지만 바울의 삶에 견주어 볼 때 그들의 삶은 참으로 민망하기 그지없다.

이 여덟 명의 젊은이는 그들 당대에 가장 멸시받는 한 늙은이의 발밑에 기꺼이 앉았다.

뼈아픈 실수

우리 그리스도인들이 사람을 훈련하는 일과 관련해 저지르는 전우주적인 실수가 있다. 그것은 사람들에게 성경을 가르치고 나서 그들이 훈련되었다고 믿는 것이다. (사랑하는 독자들이여. 누구 못지않게 이런 방식으로 사람들을 훈련했던 사람으로서 내가 드리는 말씀을 믿어라. 그리스도인의 훈련이란 헬라어, 학문, 영적인 능력, 통찰력, 감동적인 설교… 그 어느 것도 아니다.) 성경을 배웠는가? 됐다! 이제 당신은 훈련받은 사람이고 자격을 갖춘 사람이다?!

그러나 바울의 방식은 "그들에게 성경을 가르치라, 그리한 후에 그들을 파송하라."…는 오늘 우리의 방식, 그 훨씬 이상의 전망을 보여준다.

신학교에 등록하여 수년 동안 성경을 배운 후(물론 강의실 의자에 앉아서) 강단으로 걸어 나가 졸업장을 받는 것, **그것이** 오늘 우리가 말하는 사역자 훈련의 전부이다!

바울은 자신이 펼치는 훈련에 그 자신이 직접 **연루**되었다! 바울의 삶은 여덟 젊은이들의 눈에 모조리 노출되었다. 그들은 바울의 경험을 들었다. 언제나 바울 자신이 커리큘럼의 일부였다. 그리고 에베소에서 보냈던 하루하루의 교회생활도 커리큘럼의 한 부분이 되었다. 바울이 살아왔던 방식이 그들의 일과와 훈련의 내용을 구성했다.

이제 우리를 둘러싼 현대 신학교의 훈련방식에 결코 만족할 수 없다고 외치는 대담한 영혼들이 얼마라도 존재해야 한다. 에클레시아, 그녀가 처음 존재했던 그 방식 … 자유롭게 상호 기능하던 그 원형의 교회를 찾는 사람이 다만 몇 명이라도 존재해야 한다. 그리고 그러한 교회생활 한복판으로 실제 뛰어들고자 하는 이들이 나타나기를 함께 기도하자!

33. 하나님의 사람을 훈련할 자격은 누구에게 있는가?

　평생 한 가지 일을 해오며 기진맥진한 늙은이… 바울은 오직 교회를 개척하는 일에 자신의 전 삶을 바쳤다. (그는 또한 얼마간의 글도 남겼다!) 바로 이 사람이 하나님의 젊은이들을 훈련하기에 적당한 인물이었다. 그 외에 다른 어떤 사람도 아니었다. 햇빛에 검게 그을린 현장노동자. 미움을 한 몸에 받았던 사람. 그러나 다른 한편에선 뜨거운 사랑을 받았던 사람. 한편에선 멸시받고 또 다른 한편에선 우러름을 받았던 사람. 말할 수 없는 극한 상황에 내몰리면서도 버틸 수 있는 한 자신의 부르심 앞에 자신을 쳐서 복종시킨 사람. 시어도어 루즈벨트(Theodore Roosevelt)가 그의 연설에서 통찰했던 것처럼, 방관자는 경기장에 오를 수 없다. 이론가도, 비평가도, 훈수를 즐기는 사람도 마찬가지다. 경기장에 서 있는 사람은 오직 상처투성이로 피에 물든 바로 그 사람이다. 그들이 아니 오직 **그들만이** 진정한 성공과 진정한 실패가 어떤 것인지 안다.

　내 생각은 이렇다 : 당대에 경멸받는 사람의 발밑에서 배우지 않는 한 그게 진정한 훈련이 될 수 있을까? 시류와 인기에 영합한 배움이 무슨 소용이 있겠는가?

만약 여덟 명의 젊은이들이 어떤 문제를 가지고 있으면 바울은 그 답을 가지고 있었다!

그의 젊은이는 바울이 지금까지 해왔던 바로 그 일을 해나갈 사람들로 훈련받았다. 바울은 노련한 건축가, 숙련된 교회개척자였다. (여기서 말하는 교회개척이 오늘 우리 시대에 행해지는 그런 부류의 교회개척이 아니라 그 시대의 그 교회개척임을 다시 한번 강조한다!) 이 여덟 사람은 훈련받은 후 목사가 되지 않았다. 신학교가 만들어내는 어떤 유형의 사람들과도 그들은 닮지 않았다.

우리는 **교회개척자**를 길러냈던 신약성경시대의 훈련방식을 대체하기 위해 무언가를 끊임없이 만들어냈다.

다시 한번 밝힌다. 신약성경 시대, 하나님의 모든 부르심은 다만 한 지향점을 가지고 있었다. : 곧 교회개척으로의 부르심. (그것은 교회를 개척하고 그 교회의 담임자가 되는 부르심이 아니었다. 모든 권한을 에클레시아 자체에 위임하고 자신이 개척한 교회를 떠나는 삶으로의 부르심이었다!) 이것이 오늘 당신의 부르심과 일치하는가? 이것이 오늘 당신이 이끌리는 **유일한** 부르심인가?

그것이 확실하다면 아마도 신학교는 당신에게…!!

교회개척자로의 부르심 외에 다른 어떤 종류의 부르심이 신약성경 가운데 존재하는지 당신이 찾아보라! 나는 그것에 대해 아는바가 없다.

이것을 다시 한번 주목해주길 바란다. : 여기서 말한 교회개척자란 교회를 심은 다음 그 교회를 **떠나는 것**을 사명으로 삼는 그런 종류의 일꾼들을 말한다. (물론 이따금 그 교회를 재방문할 수는 있을 것이다!) 그것은 1세기 교회개척자들에게 매우 두드러진 모습이었다. 열두 사도들 역시 그러했으며, 바울, 바나바와 같은 이들도 마찬가지였다.

당신이 혹시 그런 사역으로 부름을 받았을 가능성이 있을까? 단 한 가지 조건이 따른다. 그런 사람을 필요로 하는 이 시대의 요청에 부응하기 위해 기꺼이, 그리고 담대히 일어설 의사가 당신 안에 있는가! 기꺼이 제도권 교회 및 그들의 사고방식과 갈라설 수 있는가! 당신의 그 결단이 초래할 결과를 충분히 이해하고 있는가! 그렇지 못하다면, 당신의 부르심이 무엇인지 당신은 아직 파악조차 못 하고 있음이 분명하다. 그러나 당신이 그 모든 것을 알면서도 "예!"라고 대답한 것이라면, 한평생 "제도권 교회 밖"에서 교회를 일으켜온 노쇠한 교회개척자를 찾으라. 숨소리 하나하나에 그리스도를 담아 당신에게 건네 줄 바로 그 사람, 그 교회개척자를 찾는 것이 우선이다!

당신은 여전히 신학교에 뜻을 두고 있는가? 그렇다면 당신의 속마음은 목사가 되고 싶은 것이다. (종교개혁 이전엔 존재하지도 않았던 바로 그 존재!)

만약 당신이 목사가 되기를 **원한다면** 당신은 결국, 신학교에 가야 한다.

그러나 우리가 찾는 성경적 모범은 목사가 아니다. 우리가 찾는 모범은 모든 의식(儀式)과 전통을 극복하는데 자신의 삶을 헌신해온 늙은 교회개척자이다. 그는 정해진 틀 밖에 서 있는 사람이다. 만약 당신이 1세기에 살았던 그리스도인이라면 당신은 틀림없이 그런 사람을 찾았을 것이다. 아니면 그 반대일 수도 있다. 숱한 구설수에 오른 그 사람(바울 같은!)의 반대편에 당신이 서 있을지도 모른다! 그런 늙은이에게 훈련받을 수 없으면, 결국, 당신이 선택할 두 가지 길은, 1) 신학교의 문을 두드리시라. 그것이 당신이 원하는 길이라면! 2) 그런 늙은이를 찾았지만, 도무지 발견할 수 없으면, 혁명을 일으키라. 무슨 혁명? 제도권을 떠나되 영원히 그곳을 떠나는! 하지만 그럴 경우라도 당신 자신을 위해 젊은이들을 훈련시키려는 시도만큼은 당분간 접어두라. 당신 자신이 늙은 교회개척자가 되기까지는! 즉 그리스도의 자유에 푹 젖은 교회, 그 교회를 개척하고 당신이 떠났지만, 형제자매들이 거기 남아 여전히 그 교회를 세워나가는 그런 교회, 핍박과 싸늘한 시선 한복판에서 태어났지만, 여전히 살아남아 성장하는 교회! 그 안에 속한 모든 이들이 유기적으로 기능할 뿐 아니라 그들이 말하고 싶고 알고 싶은 것이 오직 예수 그리스도뿐인 그런 교회, 성직자의 기운이나 냄새를 풍기는 사람이 아예 없는 교회, 장로 혹은 장로들, 장로직 같은 주제가 아예 언급조차 되지 않는 그런 교회! … 바로 그런 교회를 개척하느라 당신의 검은 머리가 백발이 되기까지는 젊은이들을 훈련할 생각을 잠시 접어두시라!

확실히 해둘 것이 한 가지 더 있다. 당신을 훈련할 그 사람은 절대로 사례비를 받는 사람이어선 안 된다! 그는 그의 생계를 위해 스스로 일하는 사람이어야 한다.

이런 사람을 찾아내는 것은 쉬운 일이 아닐 것이다. 그렇지 않겠는가?

　우리는 이제 바울의 여덟 젊은이가 어떻게 최후를 맞이했는지에
대해 알아볼 생각이다.

34. 이들에게 일어났던 일들은?

당신은 바울이 어떻게 그의 최후를 맞이했는지 들어 알고 있을 것이다. 그런데 그의 여덟(혹은 아홉!) 젊은이는?

그들 중 제일 먼저 죽은 사람은…

아리스다고의 죽음에 단서를 제공하는 것은 세속역사이다. 그는 여덟 명의 젊은이 중 제일 먼저 죽음을 맞았다. 그가 네로의 손에 죽은 것은 64년, 네로의 정원을 밝히기 위한 횃불로 타죽었다. 다른 사람들은? 교회전통을 신뢰한다면, 그들 모두는 장렬한 최후를 맞았다.

바울

바울의 공식적인 사역은 58년, 예루살렘에서 체포당하는 것으로 끝났다. 그 후 여덟 젊은이는 로마의 모든 그리스도인을 파괴하려는 네로의 폭정을 지켜보아야 했다. 그들은 이스라엘이 내전에 휩싸이는 것도 목격했고(65-66년), 60,000명의 로마 군인들이 이스라엘로 진군하는 것도 보았다. 예루살렘이 완전히 파괴되었다는 소식도 그들의 귀에 들렸다(70년 8월).

바울이 죽은 후, 여덟 젊은이 중 생존한 이들은 계속해서 이방인 복음사역을 짊어졌고 이방인교회를 세워나가는 일에 주력했다.

다른 젊은이들의 최후

요한 마가는 실제로 달리는 말에 의해 찢겨 죽었을까? 디모데는 소아시아에서 그리고 디도는 사이프러스에서? 에바브라가 빌립보에서 죽은 것은 사실일까? 소바더는 로마에서? 교회전통이 우리에게 남겨준 단서들은 그것뿐이다.

가이우스의 죽음은 알려지지 않았고 세군도 역시 마찬가지다.

다른 한편, 이들의 죽음과는 전혀 결이 다른 죽음도 존재한다. 목회를 하는 우리 대부분의 사람은 나이 들어 은퇴할 때까지 설교단을 지키다가 교단에서 지급되는 연금을 받다 죽는다. 이것이 바로 1세기 교회개척자들과 전혀 "다른 방식"으로의 죽음을 맞는 우리의 모습이다.

이런 방식의 죽음이 복음사역을 맡은 주의 일꾼들에게 전혀 어울리지 않는 방식이라고 느끼는 사람들도 있다. 비록 아주 소수이지만! 그리고 이 책은 바로 그런 사람들을 위한 책이다. 그들은 바울이 걸었던 그 길을 따를 것이다. 그리고 그리스도를 중심에 두고 모이는 사람이 서로 유기적으로 기능하며 자유를 만끽하는 그런 교회를 일으켜 세울 것이다.

우리는 이제 이 책의 마지막 장에 도착했다. 그리고 당신이 여하튼 결정을 내릴 때가 되었다.

이 책이 말하는바, 그 핵심을 이해했지만, 여전히 신학교에 가고자 하는 마음을 당신이 접을 수 없다면 그냥 그렇게 하시라. 대부분의 사람처럼 당신도 그저 거대한 시류에 합류하시면 된다.

만약 당신이 신학교가 정해놓은 전 과정을 수료하게 된다면 제도권 교회가 선사하는 모든 자격과 권리가 당신에게 부여될 것이다.

그러나 도저히 당신이 그 길을 갈 수 없다면 제도권 교회에는 존재하지 않는, 아니 존재할 수도 없고 절대로 그 주변에 얼씬도 하지 않는 한 사람, 바로 그가 어디 있는지 수소문하라. 분명 그는 어딘가에 아직 살아있으며 자신이 누구인지를 알리는 큰 메달을 목에 걸고 있을 것이다.

메달이라고?

그렇다. 백발이 된 내가 직접 그의 목에 걸어주었다. 그 메달의 한쪽엔 전기의자[28]가 새겨져 있고 반대쪽엔 이런 글귀가 빛난다. "나는 매일 죽는다."

그 메달이 어떻게 그의 목에 걸리게 되었는지, 그리고 그렇게 되기까지 그가 치러야 했던 대가와 눈물은 어떤 것이었는지를 꼭 물어보라.

---

28) 강한 전기를 흘려보내 죄수를 급사시키는 사형도구. 역주.

어쩌면 머나먼 북이탈리아 알프스산맥, 왈도파 신자들의 계곡에서 그 메달을 얻었노라고 그가 답할 것이다. 그의 목에 걸린 그 메달은 오늘날 신학교를 졸업한 사람들에게 수여되는 학위(M.Div)에 해당한다. 아니 그 훨씬 이상이 아닐 수 없다. 이 사실을 분명히 하라. 그 메달이 그의 목에 걸리기까지 그는 "피로 얼룩진 경기장"에 올라 그 대가를 치렀다. 아니면 한 늙은이가 그렇게 하는 것을 옆에서 지켜보았거나!

왈도파 신자들이 산으로 들어간 이유는? 오래전, 아주 오래전(12세기 초반. 역주) 그들은 정기적으로 유럽 너머 교회를 개척할 사람들을 보내고 있었다. 왈도파로 불리던 이 사람들은 중세 암흑시대 한복판에서 그 일을 감행했다. 교회개척자를 보내기 전, 그들은 그 사람을 위해 먼저 장례식을 거행했다. 이유는? 다시는 그 교회개척자를 못 볼 거란 사실을 알고 있었고 그가 죽더라도 어디서 죽을지 알 수 없었기 때문이다. 그 사실이 너무도 확실했기에 그들은 자신들이 보내는 그 교회개척자를 위해 미리 장례식을 치러주었던 것이다.

사랑하는 젊은이들이여. 여러분이 받은 부르심을 너무 수준 낮게 평가하지 마시라. 만약 메달을 목에 건 그 사람이 오래전 세상을 떠났다면 당신은 어찌할 셈인가? 그래도 둘러보라. 우리가 분명히 예언할 수 있는 것은 하나님께서 세상을 떠난 그 사람과 거의 비슷한 또 다른 사람을 불러일으키실 것이다. (프리스킬리안, 골룸바, 왈도, 위클리프, 후스, 틴들, 스위스 아나뱁티스트인 콘라드 그레벨, 진젠도르프, 워치만 니, 프렘 프레담, 싱(Bakht Singh)등이 바로 그런 사

람이다.) 그들을 발견하라. 그들을 따르라. 아니면 당신이 그 사람이
되라.

하나님께선 그리스도께 사로잡힌 사람들을 위해 그들을 공급해
주신다. 그리고 마침내, 우리에게 '교회'를 되돌려주실 것이다.